Félix Leclerc
L'histoire d'une vie

Amitiés à
Jean Lafontaine
Pour l'amour de Félix
et de Sylvette ... En
souvenir d'une belle
rencontre à Sainte-Marthe-
du-Cap.

Marcel Brouillard
13 mars 05

à toi
mon bel ami.

Je suis fière d'être la petite
soeur du grand Félix.

Sylvette

OUVRAGES DE MARCEL BROUILLARD

Récits de voyage

Journal intime d'un Québécois au Mexique, préface de Constance et Charles Tessier, Montréal, Éditions Populaires, 1971.

Journal intime d'un Québécois en Espagne et au Portugal, préface de Robert-Lionel Séguin, Montréal, Éditions Populaires, 1971.

Journal intime d'un Québécois en France, en Grèce et au Maroc, préface d'Ernest Pallascio-Morin, Montréal, Éditions Populaires, 1973.

Romans

L'Escapade, postface de Yoland Guérard, Montréal, Éditions Populaires, 1973.

Dana l'Aquitaine, Saint-Lambert, Éditions Héritage, 1978.

Essais sur la peinture

À la recherche du pays de Félix Leclerc, coauteur Claude Jasmin, 24 tableaux de Fernand Labelle, Montréal, Publications Transcontinental, 1989.

De Ville-Marie à Montréal, coauteur Ernest Pallascio-Morin, 75 tableaux de Marcel Bourbonnais, Montréal, Publications Transcontinental, 1991.

Récits biographiques

Mes rencontres avec les grandes vedettes, préface de Fernand Robidoux, Montréal, Éditions Populaires, 1972.

Félix Leclerc : l'homme derrière la légende, Montréal, Éditions Québec Amérique, 1994 ; Éditions du Club Québec-Loisirs, 1996.

L'homme aux trésors : Robert-Lionel Séguin, Montréal, Éditions Québec Amérique, 1996.

Sur la route de Vaudreuil, Montréal, Fides, 1998.

La chanson en héritage, Montréal, Éditions Quebecor, 1999.

Visages de la chanson, Montréal, Éditions Novalis-L'Essentiel, 2000.

Les belles inoubliables, Montréal, Éditions de l'Homme, 2002.

Il serait fastidieux d'ajouter la liste complète des centaines d'entrevues réalisées pour les médias et des nombreuses causeries-spectacles présentés dans les écoles, les bibliothèques, les maisons de la culture et les clubs sociaux.

Marcel Brouillard

Préface de Pierre Delanoë
avec la collaboration de Solange Desoutter

Félix Leclerc
L'histoire d'une vie

LES INTOUCHABLES

Les Éditions des Intouchables bénéficient du soutien financier de la SODEC, du Programme de crédits d'impôt du gouvernement du Québec, du PADIÉ et sont inscrites au Programme de subvention globale du Conseil des Arts du Canada.

LES ÉDITIONS DES INTOUCHABLES
2316, avenue du Mont-Royal Est
Montréal, Québec
H2H 1K8
Téléphone : (514) 526-0770
Télécopieur : (514) 529-7780
www.lesintouchables.com

DISTRIBUTION : PROLOGUE
1650, boulevard Lionel-Bertrand
Boisbriand, Québec
J7H 1N7
Téléphone : (450) 434-0306
Télécopieur : (450) 434-2627

Impression : Transcontinental
Photographie de la couverture : Jacques Aubert (Philips)
Photographie de l'auteur : Josée Lambert
Photographies intérieures : Camil LeSieur, Thomas Collin, Jacques Aubert (Philips), Radio-Canada, Andrée Vien-Leclerc, Claude Delorme (Philips), Raph Gatti, Damphousse, Henri Matchavariani, Normand Pichette (*Journal de Montréal*), John Taylor, Trudeau-Kipa (SRC), Pierre McCann (*La Presse*), Jacques Deschênes (*Le Soleil*), Jean-Claude Labrecque.
Infographie et conception de la couverture : Benoît Desroches

Dépôt légal : 2005
Bibliothèque nationale du Québec
Bibliothèque nationale du Canada

ISBN 2-89549-164-X

Préface de Pierre Delanoë

Quel grand bonheur ce fut pour moi de lire le manuscrit de Marcel Brouillard et l'avant-propos de Jean Beaulne consacrés à ce merveilleux poète, l'inoubliable Félix Leclerc! Voilà un récit biographique chaleureux, divertissant, écrit dans un style alerte à la portée de tout le monde.

Le lecteur n'a nul besoin de se plonger dans un climat artificiel pour comprendre cet écrivain québécois authentique. Grâce à une solide expérience journalistique, Marcel Brouillard nous amène à suivre la vie et la carrière de Félix Leclerc, comme on suivrait celles d'un ami, d'un proche parent.

Je suis convaincu que chacun connaîtra la même joie que j'ai ressentie en lisant ce livre qui est un long poème et une véritable chanson d'amour dédiée à l'ami Félix.

Le Québec peut se féliciter d'avoir parmi les siens un tel troubadour qui compte parmi les plus marquants de la francophonie contemporaine. L'œuvre de Félix représente un pan entier de la chanson française.

On peut admettre que l'auteur de ce livre, témoin privilégié des gestes quotidiens de ce héros légendaire, est un biographe consciencieux qui écrit ce qu'il sait d'une façon honnête, originale et reposante.

Cet ouvrage de Marcel Brouillard est à mon simple avis l'un des plus beaux hommages qu'on ait rendus à l'auteur, compositeur et interprète de chansons aussi belles que *Le p'tit bonheur* et *Moi, mes souliers*.

Pierre Delanoë

AVANT-PROPOS
À LA RECHERCHE DE FÉLIX LECLERC

JEAN BEAULNE

Quand l'imprésario Jacques Canetti vient chercher Félix Leclerc pour le présenter aux Parisiens, le poète québécois devient aussitôt une figure légendaire. Il touche les Français en plein cœur. Dès lors, sa vie étonnante apparaît comme un conte de fées.

Témoin privilégié de la vie quotidienne de Félix Leclerc, un jeune homme de son village, Marcel Brouillard, suit à la trace la carrière de son idole. Il collectionne ses livres, ses disques, ses photos et ses affiches, et note avec soin son parcours, de Vaudreuil à l'Île d'Orléans, en passant par Paris.

Devenu journaliste, Brouillard rencontre régulièrement son maître à penser et publie des entrevues et la moindre petite nouvelle à son sujet. C'est un fan inconditionnel de Félix ! Le chercheur alerte et doué est le premier biographe à entrer dans l'intimité de Félix, dans sa paysannerie, ses chantiers, son coin de terre, sa philosophie et son engagement à voir l'avenir de son peuple uniquement dans la liberté.

La première rencontre de Félix Leclerc et de Marcel Brouillard a lieu en 1945. Le comédien et auteur radiophonique vient de s'installer à Vaudreuil avec la troupe théâtrale des Compagnons de Saint-Laurent. À cette époque, le jeune Brouillard fait la livraison du pain à domicile durant ses vacances scolaires. C'est ainsi qu'il rencontre Félix, en lui vendant des beignes à l'érable et au miel, sous l'œil approbateur de son épouse, Andrée Vien, qui vient d'accoucher de leur fils Martin.

Voyons ce que Louis Nucéra, Grand Prix de la littérature de l'Académie française (1993), écrit à ce sujet : « C'est à une joie de belle tenue que nous convie Marcel Brouillard. Voilà un demi-siècle, il rencontrait Félix Leclerc. Il avait 14 ans, Félix 31. De cette rencontre naquit une amitié que ni la vie, qui si souvent nous blesse, ni la mort n'ont brisée. Cette amitié irrigue son être. Nous avons tous le souvenir de ce conseil que beaucoup énoncèrent sous des formes diverses : on ne doit écrire que sur ce que l'on aime. D'où son hymne à la fidélité et à l'admiration. Que voulez-vous ! Avec Félix Leclerc, rien de ce qui fait la grandeur de l'homme ne fut jamais dégradé.

« Il était une fois un jeune homme qui s'engoua d'un poète en majesté. Votre livre, cher Marcel, à l'heure où tant de comportements insultent à la vie, apporte de ces bonheurs ingénus sans lesquels rien ne serait possible. J'espère que votre manuscrit sera publié en France et que l'on pourra en tirer un excellent documentaire et même un film à succès. »

En 1948, Félix Leclerc compose *Le p'tit bonheur*, la pièce de théâtre et la chanson qui l'ont fait connaître. Marcel Brouillard, qui vient d'avoir 18 ans, agit comme accessoiriste, décorateur, bruiteur, commissionnaire. Il s'occupe aussi de la publicité. Avec Félix, il parcourt la région pour annoncer la pièce au micro, par le truchement de haut-parleurs juchés sur le toit de la petite Austin de Félix. En toute simplicité, sans rechigner à la tâche, il se prête à tout ce qu'on lui demande pour faire la promotion de son « *P'tit bonheur* ». Félix conduit et accompagne son jeune ami qui pose de modestes affiches en noir et blanc sur les poteaux de téléphone.

Si Brouillard devient journaliste, c'est grâce à Félix qui l'encourage à trouver sa voie et à réaliser son rêve. Lorsque Félix chante en Europe et revient dans son village pour «charger ses batteries», Marcel court le voir, sans rendez-vous, pour lui montrer les exemplaires du journal *La Presqu'île* dont il est l'éditeur et lui demander de ses nouvelles. Félix n'hésite pas à lui écrire les paroles de sa dernière chanson sur des bouts de papier que Marcel, enthousiaste, s'empresse de publier, parfois en première page de son journal.

La première fois que Brouillard a pensé écrire un bouquin sur la vie de Félix, le semeur d'espoir, le citoyen aimable de son village, devenu malgré lui une superstar, c'est quand on a inauguré à Montréal le Théâtre Félix Leclerc, en 1983. Il y avait, autour de celui qu'on surnomme «Le vieux chêne» en France, ou «Le patriote» au Québec, le ministre de la Culture et des personnalités du monde des arts. Quand Félix aperçoit Brouillard dans la foule, il lui fait signe de s'approcher. C'est à ce moment précis que j'ai entendu Félix lui dire à haute voix, devant tout ce beau monde: «Tu pourras leur dire, toi, si un jour tu racontes ce que t'as vu à Vaudreuil, tu pourras écrire les bons moments, mais aussi la p'tite et les grandes misères qu'on a eues.»

Lorsque Marcel Brouillard va à Paris au début des années 1970 pour interviewer une quarantaine de vedettes, son mot de passe n'est pas sésame, mais bien celui de Félix qui lui ouvre toutes les portes. Celui-ci s'empresse de lui faciliter la tâche auprès de ses amis, Guy Béart, Fernand Raynaud, Maurice Chevalier, Juliette Gréco, Daniel Gélin, Michèle Morgan…

Dans cette biographie consacrée à son mentor, l'auteur parle surtout de l'entourage immédiat qui a côtoyé ou travaillé avec Félix Leclerc. Il nous dévoile des facettes inédites et fascinantes de ce héros légendaire. On y trouve des faits drôles et des anecdotes savoureuses qui nous font découvrir les qualités et les défauts d'un personnage hors du commun.

Quand Félix arrive à Paris, à l'âge de 36 ans, dans toute sa splendeur et sa candeur, débordant de force et d'énergie, il charme tout le monde. On se l'arrache! Heureusement, il a une certaine maturité et le sens des valeurs. Sa carrière passe avant tout.

Le poète a toujours été à la recherche de sa véritable identité, de ses origines normandes et jurassiennes, du côté de ses ancêtres venus s'installer à l'Île d'Orléans vers 1660. Qui était donc cet écrivain, ce dramaturge, ce chanteur, ce découvreur d'horizons et ce bâtisseur d'un pays à son image qui s'exprimait dans la belle langue de Molière?

Marcel Brouillard nous fait connaître davantage et sous un nouvel angle, le vrai visage de celui qui sut prendre la vie à bras-le-corps et faire un château de ses rêves les plus fous.

Félix Leclerc a su insuffler l'estime de soi à un peuple entier, à toute la francophonie.

N.B. Jean Beaulne est le producteur du documentaire *Moi, mes souliers*, réalisé en 2005 par sa compagnie Artplus Film TV Production.

CHAPITRE I

TOUT HOMME A DEUX PAYS, LE SIEN ET PUIS LA FRANCE

Il y a 91 ans, le 2 août 1914, Félix Leclerc naissait à La Tuque.

Encore aujourd'hui, en 2005, on se demande qui était cet adolescent différent des autres, sorti d'un village éloigné de Haute-Mauricie, royaume de la fourrure, des castors et des forêts à perte de vue. Comment Félix Leclerc a-t-il pu sortir du rang et devenir, de son vivant, une figure légendaire ? Il aura fallu qu'un découvreur de talent, Jacques Canetti, le débusque de force de sa maison du bord du lac des Deux-Montagnes et l'amène à Paris sur la scène de l'ABC, en 1950.

Malgré son ambition de devenir écrivain et drama-turge, c'est comme auteur-compositeur et interprète de ses propres chansons que Félix Leclerc devient célèbre dans toute la francophonie. Avec son langage fleuri, son imagination débordante, sa guitare, un pied sur une chaise et son verre d'eau sur un tabouret, il a su d'abord conquérir le cœur des Français et, finalement, celui de tous ses compatriotes québécois qui auraient bien voulu le garder au chaud dans leur coin de terre, loin de la tourmente des capitales et des lendemains désenchantés.

Félix Leclerc, fils de colon viril respirant le bonheur de vivre, avait la stature d'un géant appelé à sortir de son cocon pour devenir un héros et un modèle pour la jeunesse, un guide ne reculant devant rien. Le poète est vite apparu dans le vaste monde comme un être à part, un philosophe qui voit l'avenir de ses compatriotes uniquement dans la liberté. À travers ses écrits poétiques et dramatiques et ses jolies mélodies «endimanchées de toiles d'araignées», il raconte sa paysannerie, ses pensées intimes, son engagement patriotique.

Sa passion pour la vie, qui a suscité autant d'admiration que de haine et de mépris, ne s'arrêtera qu'à sa mort à l'âge de 74 ans. Ses dernières chansons, *Mon fils*, *L'Alouette en colère* et *Le tour de l'île*, démontrent clairement la profondeur de son œuvre dramatique, littéraire et musicale. Maurice Chevalier avait bien raison de dire: «Les chansons de Félix, *Le p'tit bonheur*, *Moi, mes souliers* et les autres, sont comme un grand verre d'eau pure et cristalline qui descend droit au cœur.»

«En dépit de la civilisation, écrit-il dans *Ma route et mes chansons*, les lois de la jungle restent les mêmes. Seulement, on est plus ou moins coriace à ingurgiter et c'est ainsi que se décide notre destinée, belle ou désolante. Même en s'inspirant de toutes les philosophies du monde, on ne peut vivre sans que le cœur s'use un peu plus chaque jour, à essayer de comprendre…»

Félix le poète, né sous le signe du Lion, aurait pu se contenter d'une petite vie tranquille au milieu de ses proches, comme auteur radiophonique et comédien. Mais il a choisi de se battre avec des mots, des idées, des chansons pour défendre et construire un pays à l'image de ses ancêtres, de sa culture et surtout de sa langue bien parlée. Il y tenait comme à la prunelle de ses yeux.

Au cours d'une vie, nul n'échappe à la critique ou à la cruauté humaine, que ce soit dans le domaine des arts, de l'industrie ou du commerce, de la santé ou du sport. Il n'y a pas à en faire une affaire personnelle, dit Félix, après avoir reçu des coups si durs qu'il aurait pu aussi bien abandonner en cours de route sa longue marche vers d'autres chemins moins fréquentés, des horizons plus faciles.

Que de polémiques littéraires autour de celui qui raconte simplement son enfance, ses premières désillusions et aspirations les plus profondes! Comment expliquer que ses écrits fassent couler tant d'encre et de salive? Même si Félix refuse de l'admettre, cette litanie de mauvaises critiques l'atteint et finit par lui inspirer des réflexions amères: «Admettre le talent du voisin c'est presque avouer qu'on en a moins ou pas du tout. Mon Dieu, comme on a de l'esprit et de la verve quand c'est pour démolir une œuvre que, dans le secret de son cœur, on aurait voulu écrire, mais comme les mots viennent laborieusement quand c'est pour reconnaître, admirer et s'incliner.»

Au bout du rouleau, découragé, surmené, le voilà bien près de craquer. Félix n'a qu'une envie, quitter la métropole où il tire le diable par la queue depuis son arrivée. De nouveaux amis, Guy Mauffette et Henri Deyglun tentent de l'encourager en lui confiant quelques rôles dans des radioromans, mais leur soutien est impuissant à secourir l'artiste meurtri.

L'état de santé de Félix Leclerc laisse à désirer. Le 6 février 1943, dans le bureau du docteur Benoît Charlebois, il avoue son épuisement, sa fatigue. Quelques jours plus tard, il fait lire les recommandations du médecin à son épouse, Andrée Vien: «La présente est pour informer que le porteur, Félix Leclerc, est actuellement en repos pour une période indéfinie et ne devra revenir habiter la ville que lorsque nous en jugerons le moment venu.»

L'omnipraticien a effectivement décelé une tache sur un poumon de son patient, ce qui, à l'époque, était considéré comme grave. Aussitôt, Félix s'installe dans les Laurentides, à Saint-Jovite, village situé à 15 minutes du sanatorium de Sainte-Agathe, où il se fera traiter à quelques reprises pour la tuberculose pulmonaire.

L'air salutaire du nord laurentien, comme ses rencontres avec le curé Rodolphe Mercure et Mgr Albert Tessier, historien, photographe et cinéaste renommé, furent des facteurs de guérison qui ont ramené Félix à Montréal. Il y fait la connaissance du père Émile Legault, de la Congrégation Sainte-Croix, qui l'entraîne dans la belle aventure des Compagnons de Saint-Laurent. Au sein de la troupe de théâtre, il arrive à cicatriser ses plaies et à retrouver sa sérénité. Par l'entremise de ces ecclésiastiques, plusieurs textes de Leclerc paraîtront dans la revue dominicaine et dans le périodique de l'oratoire Saint-Joseph.

Son pays! C'est toujours à ce thème que revient Félix. Il est le premier à chanter et à raconter véritablement les gens de son pays, les humbles travailleurs, draveurs, bûcherons et cultivateurs, ces «faiseurs de pain et de rien», ces mal-aimés.

Il faudra qu'il attende la reconnaissance d'Outre-Atlantique pour que l'élite de son pays commence à s'intéresser de près à l'évolution de son immense talent. Pas surprenant qu'à cette époque Charles Trenet ait clamé haut et fort: «"le Canadien" est le premier chanteur, depuis fort longtemps, à apporter du neuf et de la poésie dans la chanson française». La fébrilité qui a marqué les débuts de Félix en France est encore aujourd'hui perceptible. Le public veut tout savoir sur la vie et l'œuvre de cet homme au grand cœur qui fait aussi un peu partie de notre histoire.

Qui est donc ce Félix Leclerc qui a voulu construire son propre pays à l'image de ses pionniers, de sa culture et de sa langue? Pour les uns, il est l'image du «grand-père qui monte la garde à l'Île d'Orléans», pour d'autres, celui qui traça la route à Brel, Béart et Brassens, mais aussi à Charlebois, Vigneault, Ferland, Léveillée. Pour les jeunes d'aujourd'hui, c'est une figure mythique qui a donné son nom à des bibliothèques, des rues, des parcs, des autoroutes, des écoles, aussi bien à Marseille qu'à Longueuil, où l'on apprend à chanter et à jouer l'œuvre théâtrale de Félix Leclerc.

Quand Gérard Depardieu parle de poésie ou de Félix Leclerc — les deux vont de pair — il ne cache pas son admiration envers ce dernier : « Un poète, c'est quelqu'un qui va au bout de ce qu'il est, même si c'est difficile… Qui n'entre pas dans le troupeau de ceux qui suivent. La poésie, c'est pas une parole ou un livre, c'est une façon de vivre. Un poète, c'est quelqu'un qui est en marge avec son art, sa façon de voir les choses, au risque de choquer ou de blesser. »

Félix Leclerc fut, de son vivant, un éclaireur stimulant, un semeur d'espoir, et il continue de l'être et de traduire les appréhensions, les espoirs de son peuple. C'est à partir de l'imagerie de son quotidien qu'il écrira les paroles et la musique de chansons inoubliables comme *Tu te lèveras tôt*, *Y a des amours* ou *Les soirs d'hiver… Ma mère chantait / Pour chasser le diable qui rôdait / C'est à mon tour d'en faire autant / Quand sur mon toit coule le vent*.

Félix Leclerc rêvait-il de briller sur les grandes scènes, chez lui ou ailleurs ? Souhaitait-il la gloire, l'argent, la vie facile, les châteaux, les voyages ? Non. Il voulait écrire sans relâche, inventer des mots savoureux à l'odeur des plaines et des lacs et, surtout, être reconnu comme un grand dramaturge. S'il était avare de confidences à ce sujet, ce n'était pas faute de connaître ses aspirations, mais plutôt parce qu'il ignorait quelle route le mènerait là où il voulait aller.

Sa mère, Fabiola Parrot, qui sait depuis toujours les tourments de son gars, lui assure qu'il y aura de beaux jours ensoleillés pour lui. Elle lui laisse entendre qu'il devra peut-être songer à s'expatrier du côté de la France, ses compatriotes ne l'acceptant pas tel qu'il est. Félix répond sèchement : « Je ne passerai pas ma vie à m'excuser et à demander pardon à mon voisin d'être Canadien français et catholique par surcroît. Ce sont deux vêtements chauds, bien à moi, que je salis, que je couds et découds, parce qu'ils sont faits sur mesure pour moi dans ce pays rigoureux en pleine gestation. »

Quand en 1950, à l'âge de 36 ans, Félix Leclerc arrive à Paris pour la première fois, il a l'impression de rentrer chez lui et de commencer une nouvelle vie au milieu de gens qui l'attendent depuis longtemps. La maxime de l'écrivain Henri de Bernier « Tout homme a deux pays, le sien et puis la France » lui va comme un gant. Conquise par la fraîcheur et l'originalité de Félix, la France l'adopte et le reconnaît immédiatement comme l'un de ses enfants chéris de la lointaine Amérique.

Depuis, le saltimbanque a fait et défait ses valises mille fois pour aller au bout de son chemin, vers un destin glorieux, sa guitare en bandoulière, sa sensibilité à fleur de peau. Pour en arriver là, Félix Leclerc a dû faire plusieurs haltes nécessaires, en partant de La Tuque au début des années 1930, via Québec, Trois-Rivières, Montréal, Vaudreuil. Partout, il a vécu des moments intenses et magiques qui lui ont permis d'écrire d'autres chansons aussi belles que *L'Hymne au printemps* et *La mer n'est pas la mer… C'est un gouffre sans fond / Qui avale les garçons / Par les matins trop clairs.*

Mais il faut revenir des années en arrière pour analyser tout le parcours et le cheminement de Félix Leclerc, de La Tuque à l'Île d'Orléans, son havre de paix où, à la fin de sa vie, il aimait répéter : « C'est pas parce que je suis un vieux pommier que je donne de vieilles pommes. »

CHAPITRE II

JOSEPH FÉLIX EUGÈNE,
UN GAMIN POUR LA VIE

Au début des années 1900, La Tuque a le visage d'un bled perdu, comme bien d'autres villages du Québec, à l'époque où des villes industrielles émergent ici et là. Les grands entrepreneurs forestiers règnent en maîtres absolus sur des fiefs concédés par des gouvernements manipulés par la haute finance et les multinationales. Sur les deux ou trois rues du village bordées de nouvelles entreprises, on trouve le cordonnier, la modiste, le barbier, le forgeron ou le restaurateur, qui se démènent pour gagner honorablement leur vie. Avec si peu de modernisme, on se croirait dans un vieux film américain qui raconte la conquête du Far West.

Lorsque les parents de Félix se rencontrent pour la première fois, c'est le coup de foudre. Fabiola Parrot, une élégante jeune fille, vit sur une ferme de Sainte-Emmélie, à 50 kilomètres de Trois-Rivières, et Léonidas Leclerc, un jeune homme costaud, habite lui aussi à la campagne, sur une ferme de Saint-Édouard, à 60 kilomètres de Québec.

Ils se marient en 1904 et achètent une fromagerie dans la paisible communauté de Biddeford, dans le Maine, nord-est des États-Unis, le plus vaste État de la Nouvelle-Angleterre, là où un grand nombre de Canadiens français vont s'expatrier pour échapper au spectre du chômage. Après deux ans de travail acharné, le goût de prendre le large, de trouver un défi plus exaltant que celui d'opérer un commerce en pays étranger vient troubler la quiétude de Léonidas. Il en fait part à son épouse qui connaît bien son côté aventurier.

En 1906, même si la fromagerie de Biddeford rentre dans ses frais et apporte une certaine aisance au jeune couple et à leur première fille, Marthe, Léonidas et Fabiola décident de la vendre avec profit et de déménager à La Tuque. À cette époque, la vallée prometteuse de la Haute-Mauricie accueille une multitude de travailleurs sur les chantiers. La Wayagamack engage des entrepreneurs et des hommes de foresterie pour couper le bois et apporter la « pitoune » (bille de bois de pâte) au moulin à scie. L'asphalte n'a pas encore fait son apparition dans le village et les chevaux galopent dans des rues en terre battue. Les piétons marchent encore sur des trottoirs de bois et, bien entendu, on s'éclaire à la lampe à huile.

Léonidas Leclerc se lance dans le commerce des chevaux et du foin. Il réussit à obtenir un permis de vente de boissons alcoolisées et devient vite un homme prospère, envié pour son entregent et sa façon de causer avec tout un chacun. Devenu marchand général et hôtelier de son état, il a la langue bien pendue et le sens des affaires. Sur la façade de la maison en bois de trois étages, on peut lire sur une grande enseigne artisanale : « Commerçant de bois et charbon, location de voitures de luxe et de buggys, déménagement et transport ».

Surnommé rapidement Léo, Léonidas a plus d'une corde à son arc. Il est l'ami de tous : le curé Eugène Corbeil, un colosse comme lui ; son voisin qui ne fréquente pas l'église, Jos Lamarche, propriétaire de l'hôtel Windsor ; Télesphore Gravel, commerçant en lingerie ; Ernest Desbiens, inventeur et architecte sans diplôme ; François-Xavier Lamontagne, épicier-quincaillier et maire de La Tuque.

La grande remise rouge des Leclerc déborde de carrioles et de cabriolets. On y trouve même un fiacre royal qu'on peut louer à l'heure. C'est le véhicule de luxe tout indiqué pour promener sa fiancée les soirs de sortie amoureuse et surtout après la grand-messe du dimanche. Une belle façon d'épater et de faire commérer les badauds. Même les « boss » de la CIP (*Canadian International Paper*) font partie de la clientèle. Léo laisse aux aînés de la famille la responsabilité de compter les recettes, en prenant soin de les prévenir cependant que des « provisions de courage pour l'avenir valent mieux qu'un plein sac d'or et d'argent ».

Du côté maternel, le grand-père de Félix, Eugène Parrot est originaire de la région de Besançon, en France. Établi à Sainte-Emmélie, au Québec, il y tient un magasin général. Il meurt en 1911, l'année de la naissance de Grégoire. Grand-maman Parrot, née Nathalie Langlois, est une institutrice compétente et dévouée. Devenue veuve, elle passe de longues périodes à La Tuque chez sa fille avec qui elle s'entend à merveille. C'est, dit-on, une femme racée et digne. Quand Nathalie Parrot déambule dans la maison ou sur le trottoir de bois, on entend le frou-frou de sa longue jupe noire.

Le dimanche 2 août 1914, alors qu'éclate la Première Guerre mondiale, à La Tuque en plein cœur du Québec, par un jour sans nuages, naît le sixième enfant des Leclerc, Félix, ou plus précisément Joseph Félix Eugène, cadet de Marthe, Clémence, Jean-Marie, Grégoire et Gertrude. Il sera suivi de Cécile, Thérèse, Gérard, Brigitte et Sylvette.

Tous les enfants de la famille ne tardent pas à comprendre que Félix n'est pas un enfant comme les autres. Il se comporte étrangement. Il est né poète et musicien comme d'autres naissent fonctionnaire, commerçant ou professionnel. La simplicité, la spontanéité, le rêve et la liberté, voilà ce qui a toujours caractérisé celui qui refusait de vieillir et se voulait un gamin pour la vie.

Peu de temps après la naissance de Félix, deux étages sont ajoutés à la maison familiale du 168 de la rue Tessier.

On y loue maintenant des chambres, principalement aux bûcherons et aux draveurs de Trois-Rivières et d'ailleurs, et parfois aux patrons de la Brown Corporation, Harry Hellier et Onésime Gagnon, qui possèdent une usine de pulpe au bord des chutes de la rivière Saint-Maurice.

Assis à la grande table de la cuisine, Félix, entouré de ses sœurs et frères, s'exerce au dessin sur du papier d'emballage, à la lueur de la lampe à huile. La propriété regorge de distractions pour l'artiste qui ne manque pas de se faufiler à l'écurie où l'attendent ses pouliches préférées, Nellie et Dolly.

La Tuque, une ville de Mauricie fondée en 1911, bâtie en plein cœur de la forêt sauvage, servait de grande artère aux voyageurs, aux Amérindiens, aux missionnaires et aux premiers colons, sans oublier les coureurs de bois et les trafiquants de fourrures. Elle ne sera électrifiée qu'en 1919. Vers 1920, sa population se chiffre à quelque 3 000 âmes et est en pleine évolution.

Comme c'est la coutume dans les familles nombreuses, les aînés veillent sur les plus jeunes. Les tâches sont partagées, mais les Leclerc sont admirablement secondés par Harry McInnis, l'homme de confiance, un Irlandais catholique qui assure la bonne marche des affaires. Quant à Fabiola, elle peut compter sur la fidèle Exilda Boudreau, qui l'assistera dans ses travaux ménagers pendant sept années.

La musique est déjà présente dans la vie de Félix. L'heure des devoirs est baignée des airs de Bach, Beethoven et Chopin, que l'aînée de la famille, Marthe, exécute au piano avec brio. Souvent, après ses concerts improvisés, elle place sur le phonographe des 78 tours de Jean Latulippe, des rigodons, du folkloriste Charles Marchand, mais aussi des disques de Mistinguett, de Maurice Chevalier et de Fernandel. À d'autres moments, c'est Enrico Caruso et ses plus beaux airs d'opéra qu'on peut entendre, au grand bonheur de Félix, de son frère Grégoire et de son père Léonidas, qui ont une superbe voix de ténor et de baryton.

Non loin des Leclerc, une maison blanche abrite les musiciens de la fanfare municipale qui portent l'uniforme bleu à boutons dorés et la casquette à visière. Le drapeau tricolore de la France y est déployé, rappelant ainsi les plus beaux refrains de la Bretagne et de la Normandie, comme *La Paimpolaise* de Théodore Botrel. De temps en temps, les jours de fêtes, le Corps de clairons du collège Saint-Zéphirin, dans lequel Félix joue de la grosse caisse, défile dans les rues au son de *La belle Françoise* ou de *Marianne s'en va-t-au moulin*. Félix fait aussi partie de la chorale et de la troupe théâtrale de son école.

Certains jours, dans la grande remise convertie en théâtre, Félix monte des pièces que l'on annonce à grand renfort de publicité artisanale et dont l'entrée coûte un sou, dix allumettes ou… n'importe quelle babiole ! Tout jeune déjà, Filou, et plus tard Félisse, comme on l'appelle dans la famille, se met à composer des poèmes et à écrire des chansonnettes.

Sa mère l'encourage fortement, même si son père, lui, trouve que ce n'est pas de cette façon qu'il pourra gagner sa vie. Il promet alors à Félix de lui acheter une bonne terre quand il aura atteint ses 18 ans.

Son frère aîné, Jean-Marie, plus souvent appelé John, se moque du comportement original de l'« artiste » de la famille. « Une fois, dit-il, il y a un feu au nord dans le bois là-bas, au bout de notre terre. Filou est parti en courant comme un lièvre, sans penser à apporter un seau d'eau. Arrivé sur les lieux, il a enlevé son chandail de laine à col roulé qu'il a trempé dans le ruisseau et il a éteint le feu grâce à ce drôle de stratagème. Ce n'était qu'une flambée de branches mais la forêt aurait pu y passer au complet. »

Le père de Félix avait hâte que son fils se trouve un emploi d'été et comprend mal que son avenir soit, en apparence, le moindre de ses soucis. « Après m'avoir consulté, raconte Félix, et m'avoir donné tout le temps pour y réfléchir, il me suggéra d'aller travailler comme commis au magasin général, tenu par quatre filles au museau de fouine. On m'engagea pour un mois. Je m'y rendais à bicyclette. Sur le guidon, j'avais installé un lutrin en fil de fer sur lequel j'attachais un livre. Je me disais qu'un mois c'était un mois et qu'après on verrait bien ce qui arriverait.»

Papa Léo a dit fermement à Félix: «Tu veux chanter, d'accord, mais chanter ce n'est pas travailler, il faudrait que tu travailles sérieusement. Les chanteurs que je connais chantent le soir, mais le jour, ils travaillent.» Dans le clan des Leclerc, c'est la règle, on ne badine pas avec la morale et le travail à accomplir. On doit apprendre un métier pour gagner sa pitance.

Dans les années 1920, le père de Félix passe pour l'homme le plus riche de la région. Avec son physique impressionnant et sa force herculéenne, on a souvent recours à lui dans les situations conflictuelles. Gaillard de plus de six pieds (1,80 m), Léo représente le type d'homme fort de son pays, prêt à risquer sa vie pour affronter les champions Louis Cyr, Jos Montferrand et le géant français, surnommé le Cyclope, qui déchire avec ses mains des pièces de monnaie.

Cela explique peut-être pourquoi, dès son enfance, Félix se passionne pour les géants et les créatures d'une force peu commune, aussi solides que le rocher de Gibraltar. En compagnie de son père, il assiste aux exploits du superman du Lac-Saint-Jean, Victor Delamarre, qui déplace des pierres de 700 kilos et les fait rouler sur une distance de cinq mètres. Félix prenait plaisir à raconter un autre exploit moins connu de Victor. Cela se passait au cirque ambulant, à Chicoutimi. Un lutteur turc, Ali Baba invitait les spectateurs à tenter de coucher par terre un gros ours brun. Celui qui réussissait l'exploit recevait une somme de cent dollars. Delamarre monta sur la scène, saisit l'animal par la tête et le serra si fort que le lutteur effrayé s'écria: «Nom de Dieu, lâchez-le, vous allez le tuer! Je vous donne un autre cent dollars». Victor lâcha l'ours qui tomba ventre à terre, raide mort. Ce fut la fin du spectacle. Navré, Félix écrira beaucoup plus tard *La mort de l'ours... Le petit loup est ému / Et voudrait rentrer chez lui / Le gros ours le gros poilu / Lui sourit et dit merci.*

Dans la tribu des Leclerc, on se serre les coudes et on voit grand. L'oncle Aurèle, notaire, se rend régulièrement à La Tuque pour y négocier les contrats de terrains et de propriétés de Léo. Échange de bons procédés, puisque c'est Léo, avec l'aide de ses frères Oscar et Alphonse, qui a payé les études universitaires du fortuné professionnel de Québec.

Le succès de Léonidas Leclerc ne lui vaut malheureusement pas que des amitiés. Depuis son arrivée à La Tuque, en 1906, il a beaucoup prospéré. Sa réussite et son exubérance naturelle le portent souvent à se pavaner. Sa richesse et sa personnalité rayonnante font ombrage aux envieux. La catastrophe survient par une nuit obscure, le feu dévorant son entrepôt dans lequel se trouve tout son matériel roulant. Ses installations en forêt subissent le même sort: une montagne de bois frais coupé est rasée par le feu.

Émile Boudreau, frère d'Exilda, raconte comment la maison de Leclerc a explosé: «Les flammes jaillirent de toutes les ouvertures. La véranda vitrée dans laquelle Félix et ses frères et sœurs s'amusaient était rendue de l'autre côté de la rue Tessier, projetée là par la force de l'explosion.»

Une lettre anonyme parvint à Léo dans laquelle un scélérat lui pose un ultimatum: «Léo, t'as vu brûler ta remise! T'as vu ton bois s'envoler en fumée! Je te demande la somme de 5 000 $, sinon toi ou l'un des tiens périra par mon arme, le feu!»

Léo sait bien qu'il a un ennemi mortel à La Tuque qu'il doit absolument démasquer. Il dépose, sans le crier sur tous les toits, à l'endroit désigné par le maître-chanteur, une enveloppe bourrée de papier et attend les événements de pied ferme. En réponse, il reçoit un nouveau message: «Léo, t'as vu brûler ton bois mais tu ris de moi avec ton enveloppe bourrée de papier journal. Prends note que je ne badine pas. Ne me prends pas pour un tordu. Je veux de vrais billets dans une enveloppe déposée à la même place, demain à onze heures du soir. Viens seul, sans témoin. Agis comme je te le dis, sinon attends-toi au pire.»

La vie des Leclerc est bouleversée. Parents, enfants et intimes suivent avec anxiété le déroulement de cette tragédie. À un certain moment, Léo, Fabiola et la famille songent même à quitter La Tuque, mais avant d'en arriver là, ils consultent le chef de police, Rosario Beausoleil, qui leur propose de tendre un autre piège à l'extorqueur incendiaire.

Le jour dit, à l'endroit désigné, le chef Rosario vêtu d'un accoutrement insolite, attache lui-même à la branche d'un chêne une autre enveloppe remplie de liasses de papier. Il s'esquive en douce, se camoufle derrière un buisson et attend son homme.

Celui-ci ne tarde pas à arriver et tandis qu'il s'apprête à ouvrir l'enveloppe, Rosario Beausoleil et Léo Leclerc bondissent sur lui. On tient enfin le criminel qui échappe de justesse à la correction que veut lui infliger Léo, hors de lui. Le mécréant est menotté, jugé et condamné à purger une peine derrière les barreaux. On ne le reverra jamais dans les parages. Plus encline au pardon que son mari, Fabiola veut très vite tourner la page sur cette affaire qui a traumatisé les enfants, surtout Félix qui a tout noté dans son calepin secret pour en écrire un jour l'histoire.

Cet incendie criminel cause des pertes irréparables à Léo qui se trouve matériellement dans une situation peu confortable. Mais plaie d'argent n'est pas mortelle, la vie continue, les enfants grandissent et il y a de l'espoir dans l'air.

Des instruments de musique de toutes sortes abondent dans la maison: piano, violon, violoncelle, banjo, harmonica. C'est l'âge d'or de la radio et tout le monde écoute les émissions folkloriques d'Ovila Légaré et de Tommy Duchesne. On danse et on chante, parfois jusqu'aux petites heures du matin, les gais refrains de Jacques Hélian et de Ray Ventura.

Enfin la vie reprend son cours normal. Les soirées musicales recommencent de plus belle avec Gertrude au piano qui succède à Marthe, décédée prématurément en 1928, à l'âge de 22 ans. Sa disparition sera vivement ressentie, car cette jeune femme à la santé fragile, était aimée et appréciée. Lorsqu'elle prenait place devant son piano, les passants s'arrêtaient près de la fenêtre ouverte pour écouter les beaux airs qui naissaient sous ses doigts. «Elle touchait le clavier d'une façon divine, dira Félix. Que de chapelets en famille nous avons égrenés pour que Dieu lui redonne la santé. Hélas, Marthe était un oiseau fragile qui luttait chaque jour pour rester en vie, et malgré son pitoyable état, elle gardait le sourire d'une madone.»

L'année 1928 est donc éprouvante pour Félix. D'abord, il y a la mort de sa sœur Marthe. Puis, à peu près au même moment, l'adolescent quitte La Tuque pour entreprendre des études au Juniorat des Oblats de Marie-Immaculée, à Ottawa, à deux pas du parlement du Canada. Dans le train qui l'amène dans la capitale, son père lui confie avant de partir: «Quand tu reviendras en vacances, peut-être que ce ne sera pas à La Tuque.» Et de fait, durant les quatre années de ses études, Félix rend visite aux siens chaque fois dans une ville différente. Léo a constamment besoin de bouger: tantôt on le retrouve à Val-d'Or, tantôt à Rouyn, tantôt à Noranda, puis à Trois-Rivières et enfin à Sainte-Marthe, et la famille suit!

À cette époque, des recruteurs battaient les campagnes pour trouver des candidats à la prêtrise qui correspondaient aux normes établies par les autorités religieuses. Tout néophyte démontrant des aptitudes pour l'étude et la lecture pouvait être choisi. On avait décelé chez le jeune Félix les qualités requises pour une vocation sacerdotale. «J'étais un p'tit gars de la Mauricie qu'un père oblat avait sélectionné pour faire de moi un missionnaire dans le

Grand Nord, en me promettant un traîneau à chiens. Ça tombait bien, j'adorais les chiens. Ma mère était radieuse à l'idée que je porterais un jour la soutane. Allais-je la décevoir?»

Avant que Félix quitte La Tuque pour Ottawa, il a été examiné à la loupe par plusieurs religieux. Le père Louis-Philippe Lacroix rédige un rapport éloquent sur ses qualités morales, intellectuelles et physiques. C'est écrit noir sur blanc que le bon élève ne manque jamais la messe et communie souvent. Le curé de La Tuque et les Frères Maristes affirment que Félix possède tout ce qu'il faut pour entreprendre un cours classique.

Fabiola, comme beaucoup de mères québécoises, prie afin que l'un de ses enfants entre en religion. Son rêve est toujours possible. Ses filles, Gertrude et Cécile, vont à l'École normale de Hull, pas tellement loin de l'endroit où étudie Félix. Pour sa part, Jean-Marie (John) est inscrit à l'Institut agricole d'Oka. Quant à Grégoire (Greg) qui fréquente le collège séraphique des Capucins à Ottawa depuis 1927, il finit par se caser au Collège Bourget de Rigaud en 1930, afin d'améliorer sa connaissance des affaires et de l'anglais. Greg n'a pas la langue dans sa poche: «Je me suis présenté au premier clerc de Saint-Viateur, en faisant un peu le fanfaron. Je connaissais la vie, j'avais eu des petites amies, je fumais et je ne voulais pas que l'on me marche sur les pieds.»

Pendant que ses enfants poursuivent leurs études avec succès, Léo a d'autres chats à fouetter. Avec son copain, Camille Rivard, il achète à Rouyn une épicerie qui jouit d'une bonne clientèle, alors qu'une crise économique menace de tout foutre en l'air. La famille se retrouve donc en Abitibi au printemps de 1929. Le krach boursier balaie tout sur son passage et des douzaines de spéculateurs se suicident.

En 1931, les Leclerc décident d'acheter une autre épicerie, un commerce que Jos Lamarche, l'hôtelier de La Tuque et ami de Léo, leur déniche à bon marché. Ils transportent donc leurs pénates à Trois-Rivières, rue Sainte-Julie, où Léo et plus particulièrement sa fille Clémence, veillent au grain. Malgré le fait que la famille tire profit de cette nouvelle expérience, Léo n'est pas heureux; ce qu'il aime, c'est la vraie vie d'habitant, de défricheur. Il lui manque l'espace, la forêt, le foin qui sent bon l'été, les champs à perte de vue. L'homme aux muscles d'acier ne peut pas comme son fils Félix exprimer par la magie du verbe ses émotions et sa poésie campagnarde.

Durant l'automne 1932, la famille Leclerc s'établit donc sur une ferme à Sainte-Marthe, près de Trois-Rivières et du sanctuaire du Cap-de-la-Madeleine, au grand bonheur de Félix qui sera, l'année suivante, forcé de mettre fin à ses études à l'Université d'Ottawa où il a eu tout le temps de faire la connaissance de Verlaine, Rimbaud et Baudelaire, qui sont devenus ses amis.

CHAPITRE III

FÉLIX DEVIENT ANIMATEUR DE RADIO À QUÉBEC ET À TROIS-RIVIÈRES

Par un heureux hasard, les Leclerc achètent à bon compte l'équipement et les animaux de ferme d'un cultivateur, au cours d'une vente aux enchères. Le seul inconvénient, c'est que l'agriculteur habite Sainte-Eulalie et qu'il faut transporter tout l'attirail à Sainte-Marthe. Pendant deux jours et deux nuits, les fils Leclerc traînent le troupeau de veaux, vaches et moutons, puis les chevaux, l'un attelé à une charrette chargée de poules et de lapins, l'autre tirant les meules de foin.

Ils doivent traverser, avec cette caravane, l'unique rue commerciale de Sainte-Angèle de Laval jusqu'au traversier. Tous les badauds du village se sont rassemblés pour les regarder passer. Les deux aînés, Jean-Marie et Grégoire Leclerc, ainsi que Georges Tye, juché sur le foin, en ont plein les bras et les bêtes effrayées n'arrêtent pas de bêler, beugler, piaffer et piailler. Le bateau finit par accoster au petit port de Trois-Rivières. Le temps n'est pas aux accolades; il faut poursuivre la route par la rue des Forges jusqu'à Sainte-Marthe. C'est là que Jean-Marie épousera plus tard Marie-Claude Lemay, qui lui donnera sept enfants.

Profitant de l'occasion qui lui est donnée de venir prêter main forte à sa famille à l'allure bohémienne, Félix s'esquive de ses études à Ottawa. En 1933, la crise économique fait encore des ravages et le manque d'argent des Leclerc le contraint à rentrer au bercail, à Sainte-Marthe. Là, à la ferme, il comprend qu'il n'a vraiment pas la vocation agricole. Les travaux à l'étable et aux pâturages ne sont pas du tout de son ressort. Au contraire, lorsqu'il veut participer à la tâche, il ne parvient qu'à distraire la famille et les commis de la ferme avec ses histoires loufoques.

Félix voudrait bien s'épanouir dans ce dur labeur, raconte son père, sauf qu'il sort trop souvent de ses vêtements de travail son maudit calepin. Il est toujours quelque part en train de noter tout ce qui se passe autour de lui. Il vérifie tout le temps si son petit cahier noir est bien dans la poche de sa chemise à carreaux.

Un jour que Félix charge du foin sous un soleil ardent, Léo s'absente pour aller chercher de l'eau et des victuailles. Lorsqu'il revient, il constate la disparition de son apprenti. On le cherche partout pour finalement le trouver caché sous la charrette, en train de lire à voix basse ce qu'il vient de griffonner dans ce mystérieux carnet qui ne le quitte jamais.

Filou aime se lever tôt pour faire de longues promenades dans les champs et respirer l'air pur de la campagne. On compte sur lui pour qu'il arrive avant la traite des vaches et le soin des veaux, mais quand il s'amène enfin avec aux lèvres des mots ensoleillés des beaux dimanches, le travail est bien souvent terminé depuis belle lurette. On lui pardonne ses retards et escapades parce qu'il sait si bien raconter le vent et la neige en plein été, la chaleur en hiver, la débâcle des rivières et la douceur de la forêt endormie par le chant des hirondelles au printemps.

C'est à la veillée que Félix est le plus utile et à son aise. Il ne se fait pas prier pour réciter ses poèmes et chanter en s'accompagnant tant bien que mal à la guitare, assis dans l'escalier de la cuisine ou sur le perron. Son répertoire comprend *Mon chapeau de paille*, *L'Angélus de la mer*, quelques refrains de la Bolduc, de Lucienne Boyer

(*Parlez-moi d'amour*) et de Mireille (*Couchés dans le foin*). Mais avant tout, Félix veut chanter ses compositions dont la première, à peine ébauchée, deviendra *Notre sentier*.

L'écriture pour le théâtre passionne Félix par-dessus tout. Il aime particulièrement Molière et Shakespeare. Sur les murs de sa chambre, il a écrit cette phrase de Proust : « Nous l'aimerons plus longtemps que les autres, parce que nous aurons mis plus de temps à l'aimer. » Félix aime croire que les mots de cet auteur, qu'il relira toute sa vie, s'appliquent à lui. Ses nombreuses activités ne l'empêchent pas de penser qu'il a presque 20 ans et qu'il est peut-être temps de chercher du travail. Il se souvient d'avoir lu que l'homme d'action est avant tout un poète qui doit passer de la parole aux actes.

Chez les Leclerc, on attend avec impatience un message important ou une visite impromptue de l'oncle Aurèle, frère de Léo. Il a promis qu'il trouverait un bon emploi à Grégoire dans la capitale. Il faut bien que l'un des fils quitte Sainte-Marthe pour aller gagner de l'argent à l'extérieur. La terre a de la misère à fournir la tribu. Il faut prendre les grands moyens pour se sortir du pétrin.

On apprend que l'oncle Aurèle a entrepris des démarches à ce sujet auprès du premier ministre du Québec, Alexandre Taschereau, et du ministre de la Colonisation, son ami Hector Laferté. Sans prévenir son frère Léo, le réputé notaire s'amène à Sainte-Marthe, porteur d'une bonne nouvelle : « Grégoire, tu vas entrer au ministère de la Colonisation et tu t'adresseras d'abord au directeur du personnel, le 4 avril (1934). Tu lui remettras sans faute ma carte d'affaires. J'ai écrit à l'endos un mot te concernant. Il comprendra que tu es le nouvel employé recommandé par le ministre Laferté. »

Avant de partir de Québec, l'oncle Aurèle, toujours tiré à quatre épingles, a pris soin de réserver une chambre pour Grégoire à la pension Lachance, rue Saint-Joachim, non loin du Parlement. « Tu sais, mon Grégoire, j'ai insisté sur le fait que tu étais un jeune homme poli, instruit et bien éduqué et que tu avais la volonté de bien servir ta province et d'obéir à tes supérieurs.»

En entendant toutes les recommandations que l'oncle Aurèle fait à Grégoire, la réplique de Félix ne se fait pas attendre: «Ça ne sera pas facile pour toi, mon cher grand frère, de tourner sept fois ta langue dans ta bouche avant de parler et de ne pas rouspéter quand on te donnera des ordres.»

Le premier emploi de Grégoire à Québec représente un soulagement pour Léo et Fabiola, mais aussi pour l'aîné Jean-Marie (John), Félix et Gérard, le benjamin. Clémence et Gertrude pensent que ce sera bientôt leur tour de déserter le foyer, sous les regards attendris de Cécile et Thérèse.

Félix, le philosophe ne se gêne pas pour donner son opinion, même si on ne la lui demande pas: «Vous autres, Brigitte et Sylvette, vous serez forcées de passer quelques années sur la terre. Il se peut bien qu'un prince charmant vous enlève et vous emmène vivre la vie de château.» De son côté, Félix ne s'en fait pas trop pour son avenir. Il a hâte de voir comment Greg se débrouillera seul dans la capitale.

En quittant Sainte-Marthe par le train du matin, l'oncle Aurèle, un petit sourire narquois aux lèvres, confie à Félix, en catimini, qu'il aura lui aussi sa chance. Il essaiera de lui trouver une fonction dans un ministère culturel où il y a de la place pour les rêveurs et les poètes.

Quelques mois auparavant, l'oncle Aurèle a appris que son neveu, Félix, avait servi de chevalier servant à une belle infirmière, lors de sa première grande sortie mondaine au banquet d'une riche compagnie de pulpe. Toute la famille s'est bien moquée des picotements amoureux du romantique Félix. Et l'oncle Aurèle a ajouté: «Et après avoir fini de servir la messe au couvent et de reluquer les couventines, il joue les galants au bras de la garde Lemieux.»

Plus tard, dans le journal intime de Félix, on peut lire: «Pour la première fois je voyais ses bras nus, où couraient des diamants ronds comme des yeux. Son cou plus blanc que l'ivoire était orné d'un collier d'or fin. Elle avait l'élégance et la majesté d'une reine!»

En 1934, pour le 20ᵉ anniversaire de Félix, le 2 août, on organise une petite fête. Son parrain, l'oncle Alphonse, de passage à Sainte-Marthe, suggère à son filleul d'aller passer une semaine ou deux à Québec. Il le voit très bien réussir dans le commerce en faisant du porte-à-porte pour vendre des produits de beauté et de santé. Pour l'oncle Alphonse, la situation est claire et nette, Félix a de la personnalité, de l'entregent, une bonne élocution; ce sont autant d'atouts qui feront de lui un excellent vendeur d'assurances ou encore un bon gérant d'établissement spécialisé dans les appareils ménagers. Félix accepte l'offre alléchante de passer quelques jours de vacances à Québec.

Lorsqu'il débarque du train un samedi midi à la Gare du Palais — Félix connaît peu la vieille capitale —, Grégoire attend son frangin pour lui servir de cicérone. Québec est une ville complexe avec ses rues étroites, ses détours inattendus, ses côtes à pic. Tout en marchant sur la rue Saint-Jean, les deux frères arrivent au Carré d'Youville, carrefour achalandé où se trouvent le Palais Montcalm et Le Capitole, deux établissements prestigieux qui ont vu défiler Louis Jouvet, Madeleine Renaud et Jean-Louis Barrault, Tino Rossi, Maurice Chevalier...

Grégoire explique à Félix comment se familiariser avec son nouvel environnement, que ce soit dans la basse ville, où se situent le vieux port et les cabarets populaires, ou dans la haute ville fréquentée par les parlementaires, les journalistes et les touristes. Durant quelques jours, seul ou en compagnie de Greg, Félix explore les quartiers historiques, attendant des nouvelles de l'oncle Alphonse. Il se croit un moment abandonné par lui, lorsqu'une bonne fée, sa cousine Louise Leclerc, chroniqueuse à la radio de CHRC, lui suggère de poser sa candidature au poste le plus écouté de la vieille capitale. L'idée sourit à

Félix, mais comment entrer dans cette station de radio sans expérience?

Louise Leclerc est une femme déterminée et romantique, comme l'est d'ailleurs son cousin. Ses yeux pétillent d'une vive intelligence. Elle s'exprime avec une voix grave et mélodieuse. Félix lui plaît énormément par son physique agréable, son originalité. Il lui récite ses derniers poèmes au cours de leurs longues promenades sur les plaines d'Abraham ou sur le site du Château Frontenac. « Il a été mon premier amoureux, raconte Louise. J'étais folle de joie à l'idée de le voir vivre à Québec ou de passer des vacances dans sa famille à Sainte-Marthe. Il m'envoyait des petits mots doux. Lorsque nous marchions en forêt, il s'arrêtait pour monologuer et me parler de la vie des arbres qui se battaient pour rester debout et vivre longtemps. Félix savait plaire aux femmes. Je le comparais à François Paradis, le héros de Maria Chapdelaine, roman de Louis Hémon. »

La cousine va tout mettre en œuvre, en cachette, pour que Félix se trouve un emploi à Québec. Elle use de son charme auprès de son père pour que celui-ci en parle à son ami, Narcisse Thivierge, le propriétaire de la station radiophonique.

Sans trop savoir comment il en est arrivé là, Félix devient annonceur à CHRC. De 1934 à 1937, il est tour à tour lecteur de nouvelles et homme à tout faire. Au cœur de l'émission qu'il anime, *Le Club du coucou*, on entend Jean Sablon, La Palma de l'Empire, Reda Caire, Lys Gauty et trois chanteurs québécois en vogue : Roméo Mousseau, Jean Lalonde et Fernand Perron, surnommé le Merle rouge. C'est avec humour que Félix raconte qu'il devait chaque matin ouvrir la station, installée à l'hôtel Victoria, rue Saint-Jean, avec le *God Save the King*, et la fermer chaque soir avec le même hymne national. « Fallait bien faire plaisir à ces quarante familles anglaises unilingues de la Capitale et leur démontrer que, moi, j'étais bilingue. »

À Québec, Félix habite chez Greg qui assiste à la naissance de la carrière radiophonique de son frère. Tard dans la nuit, ils bavardent et commentent les nouvelles parues dans *Le Soleil* et *L'Action catholique*. De tous ses frères, il est celui avec lequel il a le plus d'affinités. Il existait une saine compétition entre ces deux-là. Grégoire, avait une belle voix et rêvait de faire carrière comme chanteur d'opéra. Son professeur, Jean Riddez, l'encourageait fortement, affirmant qu'il avait du charme et était fin causeur. Il ne passe pas inaperçu auprès des adolescentes et de leurs jolies mamans.

Félix passe la majeure partie de ses loisirs à lire et à écrire. Il prend aussi des leçons de guitare avec Louis Angellilo qui lui dira, après un certain temps: «Continuez par vous-même monsieur Félix, vous avez trouvé votre propre style et je ne veux pas vous influencer.» Toutes ces occupations laissent peu de temps à Félix pour folâtrer au cabaret. Il aime bien aller au cinéma où l'on présente du vaudeville, entre deux films avec Tino Rossi (*Marinella*) ou Maurice Chevalier et Janet MacDonald (*The Merry Widow*).

À la pension Lachance où logent Félix et Grégoire, de jeunes universitaires en droit fourbissent leurs armes en espérant un jour briller sur la place publique. Avec ces futurs hommes de loi qui rêvent de devenir députés, juges ou ministres, on discute de justice, de lettres, de sport et de religion, mais aussi de femmes. Aucun sujet n'est exclu dans ces conversations nocturnes.

Un jour, après sa promenade dans les rues du vieux Québec, Félix rentre en trombe à la pension Lachance. «Greg, réveille-toi vite, j'ai trouvé la perle rare qu'il te faut dans *Le Soleil* de ce matin. Lis-moi ça.» Et Greg, tout endormi, de lui répondre: «Voyons, Félisse, tu n'as quand même pas l'intention de me marier. Es-tu malade? Je n'ai pas encore profité de ma liberté. De plus, je les aime toutes et je les trouve toutes belles. Comment veux-tu que je me décide à faire un choix?»

La conversation ne s'arrête pas là, Félix tient mordicus à convaincre Grégoire que c'est le destin qui frappe à sa porte. « Un vrai signe prémonitoire, crois-en ma parole. » Félix lui tend *Le Soleil* du 27 septembre 1934. Il est écrit dans les petites annonces classées : « Jeune fille de 18 ans, sentimentale, désire correspondre avec jeune homme sérieux de 20 à 30 ans, distingué et bien éduqué. Je rêve de partir pour le pays de Cythère. J'habite Sainte-Angèle-de-Rimouski. »

« C'est la fille qui t'est destinée Greg, elle aime les lettres comme toi. Elle veut voyager comme toi et s'envoler vers la Grèce, dans cette île d'Aphrodite, le vrai pays de l'amour. À vous deux Cythère ! » Quelques mois plus tard Grégoire épousera la romantique Laurette Gagné à Saint-Grégoire-de-Montmorency avec, comme témoin, Félix endimanché. Les nouveaux mariés s'installeront à Québec, et ensuite sur une petite ferme à Sainte-Flore, en Mauricie. Ils auront six filles, cinq garçons, dont Christian et Jean-Guy qui ont hérité de la belle voix de leur père.

Une fois Grégoire parti de la pension Lachance, Félix se sent parfois seul et s'ennuie des siens. Crinière au vent, il enfourche sa moto, une Harley-Davidson d'occasion, fuit la capitale, pour se diriger à grande vitesse, par le Chemin du Roy, jusqu'à Sainte-Marthe. Il n'oublie pas de lancer sa petite monnaie au passage payant du pont de Sainte-Anne-de-la-Pérade, village connu pour ses petits poissons des chenaux, qui, chaque hiver, remontent le Saint-Laurent afin de frayer à l'embouchure des rivières. Après avoir passé un moment agréable dans sa famille, Félix doit revenir rapidement à Québec pour reprendre son travail à CHRC.

CHAPITRE IV

FÉLIX, AUTEUR ET COMÉDIEN
À LA RADIO MONTRÉALAISE

Des évènements imprévus changent l'itinéraire radio-phonique de Félix Leclerc en 1938. On vient de confier à Yvan Desève, son compagnon de travail à Québec, le soin d'organiser la nouvelle station à Trois-Rivières. Il offre à Félix de le suivre, une proposition fort alléchante puisque sa famille habite la municipalité de Sainte-Marthe située à cinq minutes de la station.

Tout comme il le faisait à CHRC, Félix ouvre très tôt et ferme à minuit la station CHLN avec le sempiternel *God Save the King*, traduit en français par *Dieu sauve le roi, en lui nous avons foi*. À cette époque, on ne se questionne pas sur l'à-propos de chanter en public cet hymne à saveur royale. On obéit tout simplement à un rituel établi. Entre deux émissions, Félix se précipite à la ferme de ses parents pour participer aux travaux des champs. Il consacre le reste de son temps à la rêverie. Par-dessus tout, il préfère écrire chez lui des poèmes, des saynètes, des sketches radio-phoniques et des ébauches de chansonnettes. À la radio, il est fier de chantonner le texte fignolé de sa deuxième composition : *Sur le bouleau... Où ton nom est gravé / À jamais ma chacune / J'ai retrouvé / Ces accords oubliés / Que je dédie / À ton minois joli.*

Toutes les occupations de Félix lui laissent bien peu de temps pour fréquenter les cafés ou courir les filles et encore moins pour avoir une petite amie régulière. Il y a bien une certaine Pauline Duval qui travaille à la station de radio de Trois-Rivières, mais ses parents ne veulent pas entendre parler de ce prétendant à cause de son accoutrement, de sa tignasse en broussaille et de son comportement étrange qu'ils trouvent souvent incompréhensible.

À CHLN, Félix côtoie quotidiennement un autre bohème dans son genre, Yves Thériault, qui deviendra vite son complice. Malgré leurs différences, Félix et Yves ne tardent pas à devenir copains. Ils partagent les mêmes rêves et la même révolte intérieure. L'un et l'autre veulent changer le monde. Quelle forme d'action choisiront-ils? Félix vient de trouver sur sa route un homme qui veut, lui aussi, devenir un grand écrivain.

Les deux amis suivent avec intérêt tout ce qui se passe à Montréal sur le plan culturel. Ils s'intéressent au premier feuilleton de Robert Choquette, *La pension Velder*, sur les ondes de Radio-Canada, et écoutent avec émerveillement Gratien Gélinas dans son personnage de Fridolin. Félix et Yves se rendent dans la métropole en autobus pour voir le film de Marcel Carné, *Quai des brumes*, qui met en vedette Jean Gabin et Michèle Morgan.

À maintes reprises, Thériault a raconté les frasques de son camarade qui l'appelait toujours Jack, sans aucune raison particulière. Un jour, Félix fait un reportage improvisé sur un incendie majeur qui dévaste tout un secteur de la ville de Trois-Rivières. A-t-il été influencé par le célèbre réalisateur américain Orson Wells qui, au même moment, sème la panique aux États-Unis avec son adaptation de *La guerre des mondes*? L'histoire ne le dit pas!

Yves Thériault a une émission à CHLN, le samedi matin, appelée *Illya et Gomez*; Félix y tient le rôle d'Illya, chantre venu de Bohême, et l'original Yves entrait dans la peau de Gomez et interprète à sa façon des airs cubains, des rumbas, des pasodoble de Xavier Cugat et Carmen Miranda, et tout le tralala. Rien n'arrête nos deux fantaisistes qui cherchent par tous les moyens à grossir le nombre de leurs auditeurs.

Pour ajouter à la parodie, Félix a collé au fond de sa guitare la photo d'une belle pin up aux yeux de braise et aux appâts volumineux. Hélas!, personne ne pourra expliquer la présence de cette photo. Un autre secret bien gardé de Félix qui a le don de faire courir les rumeurs les plus folles à son sujet.

On a très peu insisté sur le côté fantaisiste de Félix, oubliant que, durant toute son adolescence, le bon petit diable avait des cornes cachées et riait de ses tours pendables. Ses frères et sœurs, ses voisins et amis en firent souvent les frais. On chuchote qu'il aurait mis une grenouille dans une armoire et une couleuvre dans un frigo.

Les extravagances de Félix, liées à sa nature enjôleuse et ricaneuse, ne se dissipent pas avec l'âge, bien au contraire. Jeune, il multipliait les blagues sans trop réfléchir aux conséquences. Adulte, il prendra soin de choisir ses victimes en sachant qu'elles partageront avec lui une bonne rigolade.

Félix Leclerc vit ses premières expériences d'auteur radiophonique avec Noël Gauvin et Jacques Boisjoli. Les trois lurons répètent des nuits entières dans les studios de CHLN. Au petit matin, le public est stupéfait, parfois décontenancé, d'entendre des sketches hilarants et farfelus.

Alors que Félix reprend son souffle en savourant une bière dans une taverne de Trois-Rivières, Thériault s'amène avec ses gros sabots. «Félix, c'est à Montréal qu'il faut aller. Les perspectives d'avancement sont là. Qu'attendons-nous pour nous emparer de cette ville et montrer à ses citadins de quel bois on se chauffe! Il y a de maudites limites à se contenter d'un petit pain et à se laisser manger la laine sur le dos!»

Après un mûr silence, Félix répond à son ami Thériault: «Il va bien falloir que je suive ton conseil et que j'aille du côté de la métropole. Peut-être qu'à Montréal, ce sera différent. Parfois, je me demande s'il faut avoir un autre langage et des mots appropriés pour chacune des régions de ce drôle de pays. Avec des personnages tels que Marius et Fanny à l'accent méridional si particulier, Marcel Pagnol a réussi à se faire comprendre par tous les Français de la terre.»

Félix continue de s'interroger avec amertume et souvent avec tristesse devant son père qui l'encourage à persister dans son domaine. Léo a compris que son fils ne resterait plus longtemps à Sainte-Marthe et qu'il quitterait bientôt son emploi à Trois-Rivières. Il lui répète: «Laisse le temps faire son œuvre, Félix, la récolte est à l'automne, tu es au printemps de la vie!»

Quant à Fabiola, elle ajoute aux propos de son mari: «Il n'y a de vrai que ton rêve mon beau Félix. Il faudra bien que tu ailles dans un autre pays pour connaître le succès que tu mérites. Tu as trop de talent pour vivoter ici et vivre comme un oiseau en cage. Tu as besoin de plus d'espace et de liberté.»

Félix continue de faire tourner des 78 tours de Charles Trenet (*Y'a d'la joie*), de Danielle Darrieux (*Dans mon cœur*) ou de Rina Ketty (*Sombreros et mantilles*), mais le cœur n'y est pas. C'est devenu de la routine et cela ne suffit plus à son bonheur tranquille. Il est tourmenté par la fièvre de la métropole où il se rend de plus en plus souvent à la recherche de nouveauté. Radio-Canada est l'unique endroit de sa convoitise. Sans résultat à l'horizon, il refait sans cesse son parcours à pied, en tramway ou en autobus, et s'arrête à la basilique Notre-Dame à la Place d'Armes, pour méditer, griffonner ce qui lui vient à l'esprit ou éviter les orages.

Au début de la Deuxième Guerre mondiale, en 1939, les Allemands envahissent la Pologne; les églises sont remplies à toute heure du jour. On apprend que la France et l'Angleterre viennent de déclarer la guerre à l'Allemagne et on s'attend à ce que le Canada emboîte le pas, malgré l'opposition farouche des Canadiens français à l'idée de défendre l'Angleterre.

En de telles circonstances, les affaires roulent bien à Montréal et la vie artistique se porte de mieux en mieux du fait que l'on gagne de meilleurs salaires à travailler dans les usines de munitions, de vêtements et d'équipement militaire. Les Montréalais apprennent à vivre dans l'obscurité puisque l'électricité est coupée à cause de la guerre. C'est dans la pénombre que Félix file en douce au théâtre Loew's pour assister à une représentation de *Roméo et Juliette*, avec les solistes du Metropolitan Opera de New York, sous la direction du chef d'orchestre Wilfrid Pelletier, directeur de l'Orchestre symphonique de Québec.

Comme beaucoup de jeunes gens de son âge, Félix s'attend d'une journée à l'autre à être mobilisé. Il n'aime pas la tournure des évènements et constate que des mères de famille et leurs filles déménagent de la Mauricie vers la métropole pour aller travailler dans des usines de guerre. Il hait le militarisme et tout ce que cela représente d'absurde soumission.

En son âme et conscience, Félix refuse de servir de chair à canon. «De quel droit peut-on dire à un jeune homme qu'il est louable de mourir pour son pays ou de revenir mutilé du combat avec une jambe ou un bras en moins?» Félix n'éprouve aucune envie de s'enrôler pour renforcer l'ordre établi et gonfler la fortune des fabricants d'obus et de mitrailleuses. D'habitude, il n'y a pas d'argent pour les pauvres gens, mais en période de conflit on en trouve à la tonne.

Ce qui devait arriver arriva enfin pour Félix. Le miracle eut lieu à Radio-Canada, en 1940. Il y avait un magicien qui s'appelait Guy Mauffette. Réalisateur, meneur de jeux, comédien, il se distinguait des autres par son panache et la fraîcheur de ses propos. Un matin, l'intuitive secrétaire Mireille Bastien entre dans la salle commune du King's Hall où Mauffette a son bureau et lui dit avec enthousiasme: «Guy, y'a un type de Trois-Rivières qui hante les corridors de Radio-Canada depuis deux ou trois jours. Il écrit des textes dramatiques et des chansons.»

Mauffette, qui en a vu passer bien d'autres, des paumés et des exaltés, ne trouve rien à dire à Mireille Bastien, toute chagrinée. Il sait bien que des douzaines d'auteurs font des pieds et des mains pour rencontrer des réalisateurs et des directeurs de programmes avec l'espoir de leur remettre leur curriculum vitæ et des projets d'émissions. La secrétaire revient à la charge avec insistance: «À mon avis, Guy, j'ai l'intuition que ce gars-là sort de l'ordinaire. Tu devrais, je t'en supplie, le recevoir et prendre le temps de l'écouter. Plus surprenant encore, il te ressemble comme deux gouttes d'eau.» Mauffette se lève et s'exclame, avec ce charme et cette exubérance qui le caractérisent: «Si vraiment mon sosie est dans le corridor, va le chercher tout de suite.»

Lorsque Félix arrive enfin dans le bureau de Guy Mauffette, celui-ci est tellement absorbé par son boulot qu'il ne remarque pas la présence de son visiteur bien assis en face de lui. «Quand je le vis, raconte Mauffette, je fus estomaqué. Pardieu, m'écriai-je, d'où sors-tu? En l'examinant, je croyais voir mon propre visage sous une tignasse en bataille. On ne s'est jamais rencontré, mais je te connais. Reste bien assis et prenons le temps de parler. Avec quelques retouches, les gens n'y verraient que du feu. Oui, mon brave, je t'attendais. Prendrais-tu un bon café? Prenons le temps de faire le tour de nos jardins.»

Félix reste calme et sourit. Il se sent parfaitement à l'aise. Il admet avoir une bonne ressemblance avec Mauffette, mais pas au point d'affirmer qu'il est son jumeau. Des traits similaires, une manière de regarder, une façon de bouger, de rire, peuvent laisser croire qu'ils sont frères de sang. Sans avoir beaucoup parlé, ils se comprennent parfaitement, leurs regards suffisent.

Félix veut extirper quelques textes de son baluchon, mais Mauffette l'arrête. «Non, pas de lecture. J'ai quelque chose de plus important pour toi. Le garçon d'ascenseur m'a demandé de lui composer une petite tirade pour les noces d'or de ses parents. Je t'en charge. Va le voir, interroge-le, reviens ici et rédige-lui un texte de circonstance. On verra ensuite ce que je peux t'offrir au sein de Radio-Canada. »

Enthousiaste, Félix se lève. Avant d'arpenter le corridor d'un pas souple et cadencé, il se retourne vers Mauffette et lui demande : « Comment s'appelle-t-il le type de l'ascenseur ? » En souriant Mauffette lui dit qu'il le reconnaîtra aisément puisqu'il a les cheveux roux.

L'originalité de son nouvel ami surprend agréablement Félix. D'habitude, les entretiens sont ternes et sans lendemain. On ne veut pas savoir si le type a du talent en le mettant à l'épreuve sur-le-champ. On lui ouvre un dossier et on lui demande de remplir de longs questionnaires que l'on classe ensuite sous la pile de demandes des postulants.

À quelques jours d'une intense camaraderie et d'une grande complicité, Guy Mauffette découvre la situation précaire de l'oiseau rare qui s'est parfaitement acquitté de sa tâche en composant une magnifique adresse pour le garçon roux de l'ascenseur. Félix ne cache pas la vérité. Ses maigres ressources fondent à vue d'œil et, si un autre miracle ne se produit pas très tôt, il sera forcé de réintégrer son port d'attache familial, à Sainte-Marthe, et de reprendre son travail d'animateur de radio à Trois-Rivières.

Mauffette se veut rassurant et optimiste. Il offre à Félix de le loger dans sa famille et de l'accompagner dans une tournée générale auprès des réalisateurs et producteurs de Radio-Canada. Une course contre la montre s'engage alors pour trouver un nid confortable au merle enchanteur. Tant d'efforts devraient aboutir à des résultats concrets.

À cette époque, Henri Deyglun, auteur de feuilletons populaires, fait la rencontre de Félix, lui trouve un air champêtre et voit qu'il a affaire à un anticonformiste, ce qui est plutôt exceptionnel dans les années 1940. Deyglun est sensible à la poésie et au langage de Félix, si bien que le jour-même, il invite Leclerc et Mauffette chez lui en compagnie d'amis, charmés par le naturel du nouveau venu. Au terme d'une soirée de bombance, Deyglun promet à Félix de l'intégrer dans son radioroman, *Les secrets du docteur Morhanges*. Pour sa part, Paul L'Anglais, producteur du premier long métrage québécois, *La Forteresse* (avec Paul Dupuis et Mimi d'Esté, femme de Deyglun), demande à Leclerc de jouer dans son adaptation de *Madame sans-gêne*.

Puis les offres pour Félix se mettent à pleuvoir de partout. Guy Mauffette lui confie le rôle de Florent Chevron, l'amoureux timide qui courtise la belle Angelina (Mia Riddez) dans *Un homme et son péché*, de Claude-Henri Grignon, qui connut avec ce radioroman un succès prodigieux, battant tous les records d'écoute. Quelle griserie d'être remarqué par Grignon pour un jeune comédien que personne ne connaît dans la métropole ! Il n'est plus question pour Félix Leclerc de retourner à CHLN, sauf pour y faire ses adieux et s'entendre avec son patron sur son départ définitif. Peu après sa ronde dans les studios et sa visite chez Henri Deyglun, Paul Leduc lui commande une série de sketches. On retient ses services pour *Vie de famille* et *La fiancée du commando*, radioroman dans lequel Félix joue le rôle de Pierre Cadoret.

En quelques semaines, grâce à Guy Mauffette, la vie de Félix Leclerc change du tout au tout, au point où il se demande s'il ne rêve pas tout éveillé. Il y a de la magie dans l'air. Accaparé par Radio-Canada, il s'initie aux rouages d'une grosse machine qui l'aidera, dans la dignité, à tisser des liens qui dureront toute la vie. Il garde à l'esprit qu'un rêve ne se réalise pas du jour au lendemain, uniquement dans l'effervescence des studios. Il est vrai de croire que le succès n'est interdit à personne, à condition de ne pas lui tourner le dos.

Félix dans son champ, à Vaudreuil.

Fabiola et Léonidas Leclerc, lors de leur mariage en 1900. Elle a 20 ans et lui, 23.

Grégoire, Félix et Jean-Marie avec leur père.

La grande maison natale de Félix, à La Tuque.

Léonidas entouré de ses enfants en 1946. Au premier plan: Grégoire, Sylvette, Cécile et Félix. À l'arrière: Gérard, Jean-Marie, Thérèse, Clémence, Brigitte et Gertrude. L'aînée, Marthe, est décédée en 1928.

Félix à la ferme familiale de Sainte-Marthe, près du Cap-de-la-Madeleine.

Félix chante pour son épouse, Andrée, son fils Martin et sa nièce Francine, fille de Grégoire.

Félix et Martin avec les enfants de Rosaire Vinet, Louise et Pierre.

Jean-Pierre Ferland, Félix Leclerc, Monique Leyrac, Gilles Vigneault, Guy Mauffette et, au piano, Paul de Marjorie.

Félix devant sa maison de Vaudreuil.

Devant les Trois Baudets à Paris, en 1953.

Deux légendes : Georges Brassens et Félix Leclerc.

Félix dans le film *Les Brûlés*, de l'ONF, en 1958. À gauche, Jacques Bilodeau et à droite, Henri Poulin.

Félix et Jacques Brel.

Un beau soir d'hiver à Vaudreuil.

Félix Leclerc, Patachou, Jacques Normand et Maurice Chevalier à Montréal, en avril 1951.

Jacques Lévesque et Félix à Causapscal, en 1962, au début d'une tournée en Gaspésie, aux Îles-de-la-Madeleine et au Nouveau-Brunswick.

Félix et la chanteuse Lucienne Vernay, épouse de Jacques Canetti.
Félix en pleine nature à Vaudreuil.

Un grand souffle d'espoir, de liberté et d'amour.

Au cours du tournage d'une émission de télévision à Nice. À gauche de Félix, Suzanne, épouse de l'écrivain Louis Nucéra.

Martin et son père en Camargue, dans le sud de la France.

Raymond Devos et son grand ami Félix Leclerc.

Le producteur Jean Beaulne, Félix Leclerc et Marcel Brouillard dans les coulisses de Bobino à Paris.

L'écrivain Louis Nucéra, l'imprésario Jean Dufour et Félix.

L'auteur de *Clopin-Clopant*, Pierre Dudan, Suzanne Nucéra et Félix à Bobino.

Félix sous un ciel brumeux, à Montmartre.

Pauline Julien, Raymond Lévesque et Félix au Vélodrome de Paris, en 1976.

René Lévesque, premier ministre du Québec, remet à Félix le prix Denise-Pelletier, en 1977.

Félix retrousse ses manches…

Monique Leyrac, Félix et son épouse, Gaétane, à l'Île d'Orléans, en 1984.

Félix au Studio Saint-Charles à Longueuil, en 1979.

Yves Duteil a dédié *La langue de chez nous* à Félix, en 1985.

Jean-Pierre Ferland, Roger Gicquel, animateur de *Vagabondages* à la télévision, et Félix à l'Île d'Orléans, en 1984.

Félix et Maurice Richard à l'Île d'Orléans, en 1984.

Lors des funérailles de Félix à l'église Notre-Dame-des-Victoires de Québec, en 1988.

Nathalie, la fille de Félix, rend visite à Conrad Lapointe, ébéniste et sculpteur de l'Île d'Orléans.

L'auteur de ce livre, Marcel Brouillard, Gaétan et Sylvette, neveu et sœur de Félix à Sainte-Marthe-du-Cap, en juillet 2004.

Pour supporter le difficile / Et l'inutile / Y a l'tour de l'île…

CHAPITRE V

FÉLIX, ÉCRIVAIN, FAIT SES DÉBUTS AVEC *ADAGIO, ALLEGRO* ET *ANDANTE*

Aussi longtemps qu'il travaille à la ferme familiale de Sainte-Marthe, en Mauricie, Félix est exempté du service militaire. Mais une fois bien installé à Montréal, en 1940, il est convoqué au centre de recrutement pour y subir un examen médical complet. Il se sent en pleine forme, mais il ne faut pas se fier aux apparences. Ausculté, palpé, examiné sous toutes les coutures, il a l'impression qu'il sera classé dans le clan des élus « A-1 ».

L'examen médical démontre clairement que son état physique n'est pas compatible avec les exigences de l'armée, ce qui n'est pas pour lui déplaire, persuadé qu'il aurait fait un bien piètre soldat. L'annonce du médecin le déride mais lui fait peur. Non, il n'est pas « A-1 » et il redoute les raisons qu'on lui donnera pour justifier son refus dans les Forces armées de Sa Majesté : « Vous avez un souffle au cœur, voilà pourquoi vous n'êtes pas éligible, mais vous pouvez vivre très longtemps avec ce dérèglement coronarien. » Félix n'en doute pas un seul instant. Ce souffle miraculeux lui épargnera les horreurs des champs de bataille.

Il se souvient que, deux mois avant cet examen, il a adressé une lettre au ministre Ernest Lapointe qui avait pourtant promis que jamais il n'y aurait de conscription. «Vous qui avez les cheveux blancs et de l'expérience, vous comprendrez la nature de ma demande. Je sollicite votre intervention pour que l'on ne m'appelle pas aux armes. Je préférerais rester ici dans l'ennui et la vie ordinaire, plutôt que d'aller faire ces folles randonnées en bateau ou en avion. Je n'ai pas l'âme d'un bon soldat. Je fais, volontiers, le sacrifice de la vie militaire et de ses joyeuses tueries, de ses galons et de ses prises de terrain pour rester bêtement à l'arrière, sans aucun avancement. Si vous n'acquiescez pas à ma demande, Monsieur le ministre, j'irai tous les jours à la caserne pour tirer du fusil au-dessus des têtes. Et chaque matin, à l'heure de la chapelle, je vous exhorterai à protéger la vie plutôt qu'à donner la mort. Soit dit en passant, le chant des oiseaux me plaît davantage que les coups de canon.»

Durant tout le conflit qui fit plus de 50 millions de morts, le Canada envoya 620 000 militaires outre-mer. Plus de 41 000 furent tués et 53 000, blessés, portés disparus ou non rapatriés. Félix, dans ses écrits pour la radio et le théâtre, condamne la guerre qui n'est que fléau, souffrances, châtiments, drames inhumains. Il dénonce les sentiments belliqueux qui animent les hommes. Dans ses contes, il met en scène des déshérités, des défavorisés, des malheureux qui, souvent, connaissent des fins tragiques.

Félix réprouve la jalousie et l'envie entre compatriotes. On lui reproche parfois ses jugements sévères, trop moralistes. «On ne s'aime pas, dit-il, on se mange, on se bouscule, on se cogne sur la tête, on se défend de réussir. Un gars qui a les yeux plus hauts que le troupeau reçoit un coup de masse sur le crâne pour qu'il soit égal aux autres.» Félix aime les gens de son pays et ne peut s'empêcher de livrer le fruit de ses réflexions, tout en sachant que son langage lui attirera des inimitiés.

Selon Félix Leclerc, on préfère l'escabeau à l'échelle, la colline à la montagne, la parole à l'acte, le conseil à l'exemple, la glissade à la montée, le vulgaire au chef-d'œuvre. On a peur de l'effort et on n'a pas de fierté parce que l'on est ignorant. C'est un jugement extrêmement sévère pour les siens. Malgré sa franchise, on ne le lui en tient pas trop rigueur. Le beau poète charmeur aux yeux de rêve, à la crinière ondulée, ne passe pas inaperçu auprès de la gent féminine, mais aucune demoiselle n'a encore su retenir son attention très longtemps, jusqu'à maintenant.

Même si Félix porte la controverse à un haut degré d'ébullition, son charme et son panache aident à panser les plaies de ses adversaires, étonnés par ses propos acerbes et parfois séditieux. Chose certaine, Félix a du charme mais il n'a rien cependant du Don Juan de pacotille qui se prend pour Casanova après deux apéros.

La carrière se déroule bien pour Félix; il se fait des amis, non seulement à Radio-Canada, mais partout où il passe. À la pension Archambault où il vit, il côtoie de jeunes artistes talentueux. Le soir, il raconte ses histoires, gratte la guitare et chante pour les futures célébrités: Jacques Auger et Jean Despréz, Louis Morrisset et Mia Riddez, Gérard et Alex Pelletier…

C'est en 1941 que Félix fait la connaissance du père Émile Legault, dans les bureaux des Compagnons de Saint-Laurent, avenue du Mont-Royal. Le directeur de la troupe comprend vite que ce grand maigrelet est un tourmenté à la recherche de sa véritable identité. Même si les soirées de Félix sont bien remplies, il n'oublie pas sa rencontre avec la toute mignonne Andrée Vien, fille d'un militaire de carrière, le capitaine Louis Vien. Andrée, attachée au service de la publicité de Radio-Canada, n'est pas insensible à la cour discrète que lui fait Félix. Elle attend le signal de celui qui la fait rêver le jour et l'empêche de dormir la nuit. Elle éprouve une véritable attirance pour cet homme étrange dans sa manière d'être, de causer, de dire des choses tendres et paraboliques. Voilà un prétendant pas comme les autres.

L'occasion ne tarde pas à se présenter puisque Félix a une bonne raison de l'approcher de nouveau. Il cherche une secrétaire pour dactylographier ses trois premiers manuscrits en chantier : *Adagio, Allegro* et *Andante*. Andrée accepte ce travail sans se faire prier et c'est le début d'une belle aventure. Elle lui présente son frère Yves qui est l'aide de camp du gouverneur général Georges Vanier.

Après une année de fréquentations, la date du mariage est fixée. Félix gagne de mieux en mieux sa vie et il a du pain sur la planche. Andrée lui fait cadeau de sa première machine à écrire.

Félix Leclerc épouse Marie Yvonne Andrée Vien le 1er juillet 1942. La bénédiction nuptiale est donnée en la cathédrale de Montréal, par le père Émile Legault. Seuls des intimes assistent à la cérémonie : le père et la mère du futur marié, Léo et Fabiola, et quelques membres de la famille venus de Sainte-Marthe. Andrée étant orpheline, seul son frère Yves est présent de même que son grand-oncle, le sénateur Thomas Vien. Louise et Guy Mauffette (son frère spirituel) sont absents et pour cause, étant eux-mêmes en voyage de noces à l'Île-aux-Coudres.

Laissons Félix raconter ce qui lui est arrivé après le mariage : « À la sortie de la cathédrale, je fis une course folle avec mes grandes jambes pour rattraper le chapeau de ma femme qui s'était envolé et qui roulait là-bas sous les autos, au milieu de l'avenue. Ma mère-lièvre, qui s'y connaissait en éléments, dit à ma femme : « Vous voyagerez beaucoup Andrée. « On s'en alla tous vider une bouteille de champagne dans un hôtel voisin, ce qui me rendit malade pour la journée. »

Andrée et Félix partent ensuite en voyage de noces : une belle croisière au Saguenay–Lac-Saint-Jean. Comme bien des couples romantiques de cette époque ils prennent leur départ dans le port de Montréal. À leur retour, les amoureux séjournent dans la famille de Félix, à Sainte-Marthe, avant de se rendre à la ferme d'un beau-frère, à

Bedford, dans le comté de Missisquoi. Les nouveaux mariés quittent ces refuges de paix pour revenir dans la métropole. Où loger? Le père Legault a cru bon d'inviter le jeune couple à vivre à la maison des Compagnons de Saint-Laurent, sise au 1275 de la rue Saint-Viateur, quartier général équipé de toutes les commodités, cuisine, chambre, bibliothèque, chapelle, salle de répétitions, atelier de décors et costumes, bref, un endroit rêvé pour des artistes.

Depuis sa première rencontre avec Guy Mauffette, Félix s'est lié d'amitié avec ce brillant comédien et réalisateur qui lui donnera la chance d'interpréter sa première chanson, *Notre sentier*, dans son populaire radioroman, *Le restaurant d'en face*. Dans son nouvel habitat chez les Compagnons de Saint-Laurent, Félix est heureux et songeur. Le père Legault le conseille, suit ses progrès, le trouve parfois réticent à monter sur les planches. Il a un peu de difficulté à surmonter son trac et sa timidité. Est-il fait pour cette vie de comédien? Les journées sont laborieuses, les répétitions lassantes. «C'est le métier qui rentre» dit-il à Doudouche, surnom qu'il a donné à sa bien-aimée, lui racontant les évènements contraignants de la journée.

Félix se souviendra toute sa vie de ce voyage à Boston, où la troupe, s'est rendue tant bien que mal dans une vieille ambulance aménagée en autobus pour y jouer *Le médecin malgré lui* et *Les précieuses ridicules* de Molière. Félix ne se sent pas à la hauteur de l'importance qu'on lui accorde et des rôles qu'on lui fait jouer. Comme les Compagnons n'ont pas suffisamment de moyens financiers, on doit faire beaucoup de sacrifices, travailler pour la gloire et non pour l'argent, mettre beaucoup d'eau dans son vin et se retrousser les manches.

Devant la résistance de Félix à jouer les grands classiques, le père Legault lui dit sèchement: «Il n'y en a qu'un seul qui puisse tenir ce rôle de valet et c'est toi. Tu as le physique, la diction épaisse, la charpente maigre du lièvre domestique, le regard bête et la compréhension lente du pays. Tu es l'idéal. Voici le texte, apprends-le rapidement. » Félix avale de travers sans rechigner et se dit qu'il sortira un jour de ce guêpier.

Le directeur de la troupe avait vu juste. Au cours de ce voyage à Boston, le consul de France, Paul Chambon, déclara que ce furent les meilleures comédies jouées sur la scène du New England Mutual Hall. Félix acceptera aussi de jouer dans *Tante Lucie*, une émission quotidienne de Louis Morrisset à Radio-Canada. Cette fois, ce n'est plus par besoin financier, mais surtout pour acquérir de l'expérience en tant qu'auteur dramatique, sa vraie passion. Félix se nourrit de théâtre à toute heure du jour. Il ne rate pas l'occasion de voir les troupes de la Comédie-française qui viennent jouer à Montréal *L'école des femmes* avec Louis Jouvet, *Les femmes savantes* avec Gabrielle Dorziat, sans oublier *Le médecin malgré lui*, au Monument national, avec le célèbre Coquelin.

Félix connaît tout le théâtre de Molière, mais l'homme le passionne davantage. Il admire cet auteur qui a si bien su décrire les travers et les vices de son temps, et qui a dû livrer de dures batailles à la suite de querelles déclenchées par certaines de ses pièces comme *L'Imposteur*.

Le travail de Félix à la radio, comme auteur et comédien, attire de plus en plus l'attention du public. Les chroniqueuses, telles Odette Oligny et Jovette Bernier, portent un intérêt marqué à son travail original. Deux de ses radioromans, réalisés par Guy Mauffette, ont beaucoup de succès : *La Grande nuit et Le Rival*. À l'occasion de la Semaine sainte, il signe *Ce vendredi-là* qui lui vaut les félicitations chaleureuses et empressées du cardinal Rodrigue Villeneuve.

Les Compagnons de Saint-Laurent créent à l'Ermitage un poème dramatique de Félix, *Sanctus*. Les Québécois se rendent compte que l'auteur est en train d'édifier une œuvre propre à son pays. C'est toujours à ce thème que Félix revient. Il est le premier à chanter et à raconter l'histoire des gens qui l'entourent.

En 1942, Félix a 28 ans et n'a jusque-là publié aucun livre. Il préfère encore étudier, écouter, voyager un brin, attendre. Les animaux et les oiseaux sont pour lui de vieux copains. Mais déjà, il connaît l'art difficile de traduire la finesse d'un paysage avec des mots ordinaires, sans prétention. Il raconte à petits traits, comme l'artiste brosse un portrait, une jolie scène. C'est un peintre de l'écriture.

Tout en continuant d'écrire des sketches radiophoniques, Félix retouche 18 des contes qui ont séduit les auditeurs de *Je me souviens*. Son premier bouquin *Adagio* paraît en 1943. Phénomène sans précédent au Québec, le premier tirage de 4 000 exemplaires s'envole en moins d'un mois. En 1944, c'est celui d'*Allegro* et, peu de temps après, c'est au tour d'*Andante* de connaître le même résultat heureux. Depuis, ces ouvrages publiés chez Fides n'ont jamais cessé d'être réédités. Plus de 50 000 exemplaires.

Durant ces années, une maison d'édition de Toronto publie, en anglais, un recueil des dix meilleurs contes de la littérature française : on y trouve Daudet, Maurois, Balzac, de Maupassant et parmi les auteurs de ces chefs-d'œuvre, *le seul Canadien*, Félix Leclerc.

Alors que les écrivains, de façon générale, ne peuvent vendre leurs livres en grande quantité, ceux de Félix commandent des tirages impressionnants et sont lus par des gens de tous âges. De là, la grogne de certains écrivassiers.

Si incroyable que cela puisse paraître, voici l'un des commentaires de Victor Barbeau, fondateur de la Société des écrivains canadiens, l'un de ceux qui fustigent l'écriture de Leclerc : « Personne n'a objection que pour l'amusement des mineurs il lance ses bulles de savon sur les ondes, mais de grâce, qu'il ne prenne surtout pas ses savonnades pour de l'art. Ce fabricant de sucettes et de pommades n'invente pas, ne crée pas ; il salive et transpire. C'est le conformisme lustré à la vaseline, la niaiserie montée en papillotes, la platitude découpée en caramels… » Au sujet de Félix, on est allé jusqu'à écrire qu'il aurait mieux valu que cet homme naisse sans bras et muet.

« Comment un auteur connu, accrédité auprès des amateurs de la radio et de son peuple, peut-il être pris au sérieux ? se demande le critique Gilles Marcotte. Tout chez Leclerc sonne comme une timbale de fer-blanc, ce style prétendu naturel et spontané sent l'artifice à plein nez. »

En ce qui concerne l'édition des trois premiers livres de Félix, il semble bien que ce soit Mgr Albert Tessier, fondateur des Instituts familiaux du Québec, qui a convaincu les pères de Sainte-Croix, propriétaires de Fides, de publier ces œuvres. Ce fut le grand départ de sa carrière d'écrivain. L'archiviste trifluvien, Luc-André Biron, et le journaliste Marcel Couture, directeur de la revue *Forces,* peuvent corroborer ces dires, de même que la petite anecdote suivante : lors d'un voyage en Gaspésie, Andrée et Félix Leclerc accompagnent Mgr Tessier, qui visite les écoles ménagères. Il ne faut pas oublier que l'on est en plein conflit mondial, en 1944, et que, durant cette période, on est aux prises avec le rationnement de l'essence, ce qui ne semble pas poser de problème à l'abbé Tessier. Félix, n'ayant pas de voiture, saisit l'occasion pour visiter la péninsule gaspésienne avec sa jeune épouse. Les trois voyageurs peuvent ainsi joindre l'utile à l'agréable et fêter la naissance des livres de contes, fables et poèmes de l'auteur enthousiaste.

Au retour d'une excursion de pêche à la morue, Félix, tout éperdu de reconnaissance à l'égard des bienfaits de la nature, a la tête accrochée aux nuages et respire à pleins poumons l'air salin de l'Atlantique, sans se préoccuper de tout ce qui se passe autour de lui. Il marche seul en se dandinant comme un collégien en vacances, libre comme l'air. C'est alors que Mgr Tessier l'interpelle et désapprouve sa façon de se comporter égoïstement en ne les aidant pas à porter les victuailles, les rames de l'embarcation, tous les agrès de pêche et la morue, bien entendu.

Félix, outragé par les reproches du prélat domestique de Sa Sainteté et se sentant déboulonné de son piédestal, pique une sainte colère.

Il décide de rentrer *illico* à Montréal en laissant son épouse Andrée avec Mgr Tessier. Quel drame en ce temps-là, de voir un prêtre voyager en compagnie d'une femme dans son automobile! Félix finira-t-il par regretter son écart de conduite et son comportement de gamin à qui l'on donne une bonne leçon de politesse?

Les années passent sans que Félix et Mgr Tessier n'aient l'occasion de se revoir et de s'expliquer sur ce malheureux incident. Beaucoup plus tard, lors d'un récital du chanteur sur la place du Flambeau à Trois-Rivières, Luc-André Biron fera tout le nécessaire pour que Félix soit bien reçu et logé après son spectacle mémorable. On lui a réservé une chambre d'évêque au Séminaire Saint-Joseph où réside Mgr Tessier.

Quand les deux hommes se retrouvent face à face dans l'encoignure de la porte de la chambre, ils se jettent dans les bras l'un de l'autre, versant quelques larmes sur leur bonheur retrouvé. Les deux amis jacassent comme des pies jusqu'aux petites heures du matin.

Au-delà de ses belles qualités de compositeur et de chanteur, Félix Leclerc a d'autres mérites qui lui attirent la sympathie de ses compagnons de travail et de ses admirateurs, de plus en plus nombreux. Dès qu'il paraît en public, il se retrouve vite entouré. Les étudiants le poursuivent pour le harceler de questions, ce qui est loin de lui déplaire.

Félix va régulièrement à la bibliothèque Saint-Sulpice, lieu de rassemblement des peintres, musiciens, écrivains et enseignants, dont le chanoine Lionel Groulx qui y avait son coin de travail personnel. Tout près, à l'auditorium du Plateau du parc Lafontaine, il assiste à plusieurs concerts, notamment celui du prodigieux jeune pianiste André Mathieu (1929-1968) qui, à sept ans, ira à Paris, à la salle Chopin de la rue Daru, où les critiques le consacreront génie et iront jusqu'à écrire que son œuvre, à cet âge, est plus remarquable que celle de Mozart. Parfois, on invite Félix à participer à de fastueux galas. «Malheureusement ou heureusement, dit-il, je ne pouvais pas y assister parce que je n'avais pas les costumes appropriés et aussi l'argent nécessaire pour m'offrir des billets à ces fêtes réservées à la classe plus fortunée.»

Après la mort de Fabiola, en 1945, la famille Leclerc ne sera plus la même. Pendant une douzaine d'années, chacun a veillé à ses propres affaires et les visites entre frères et sœurs se sont bien espacées. Le père Léo vit sur la terre de Sainte-Marthe jusqu'à sa mort, en 1965. Le frère de Félix, Jean-Marie, et son fils aîné, Michel, demeurent rivés à leurs champs et à leurs labours.

Trente ans plus tard, les enfants de Michel (Chantal et Francis) prendront la relève de leur père. Chaque année, les Leclerc et leurs amis se réunissent sur la ferme familiale, à l'occasion d'une épluchette de blé d'inde, heureux de se rappeler le bon temps où Félix se joignait à la fête. L'esprit de famille était très important pour cet homme de passion qui est toujours demeuré solidaire de ses proches et de son pays.

L'auteur Luc Bérimont écrit: «Non, Félix n'a jamais trahi les siens, ni ses origines. Un homme franc, de pleine sève, de pleine souche, de pleine terre et de pleine aube, voilà ce qu'il est pour toujours...»

Un jour, sur les ondes de CKAC, Fernand Robidoux a l'occasion de présenter Félix Leclerc qui l'entretient de la métropole de jour et de nuit et des Montréalais. Il a une façon unique d'en parler: «Ceux qui ont la parole juive sont debout devant leurs magasins, et les Italiens font de la musique et les Roumains du violon et les Anglais du golf et les touristes se demandent s'il est vrai qu'on a les plus grands chirurgiens du monde, peut-être des saints, sûrement des fous, des héros en quantité et jamais de chicane entre toutes ces races; plus que ça, on obéit galamment aux policiers-enfants qui dirigent la circulation à la sortie des écoles. Et puis, on n'est pas pressé, pas pour se coucher en tout cas. Malgré l'absence de théâtres, de parking et de salles, le Montréalais va la nuit au cabaret ou au restaurant, mais dans le panier de la religieuse pour ses œuvres de charité, il laisse tomber 15 millions par année, comme ça, sans lâcher la conversation. Montréal généreuse, gueularde et attachante? Bien sûr…»

Avec les Compagnons de Saint-Laurent, à Montréal et à Vaudreuil, c'est une belle aventure qui dure 15 ans, de 1937 à 1952. Dès son arrivée dans la troupe des faiseurs de rêves, Félix apporte sa poésie, sa joie de vivre, son immense talent et beaucoup de fantaisie. Pour s'amuser, il prend plaisir à se déguiser et à surprendre ses camarades. Un jour, un grand metteur en scène russe, Vladimir Korsakov, s'amène à Vaudreuil pour recruter quelques artistes, toujours en quête de contrats intéressants vers d'autres pays. De connivence avec le père Legault, Félix monte le scénario et fait marcher toute la troupe. Nous verrons bien tout ce qui se passera dans ce village enchanté situé en face du lac des Deux-Montagnes…

CHAPITRE VI

JACQUES CANETTI
PRÉSENTE FÉLIX À L'ABC DE PARIS

C'est à Outremont, un arrondissement de Montréal, que naîtra Martin Leclerc, le vendredi 13 juillet 1945. Félix assiste à l'accouchement, fait inusité à l'époque. Peu de temps après l'heureux événement, la famille quitte la métropole pour s'établir dans les Chenaux à Vaudreuil, dans un modeste chalet en bois rond, sur le domaine récemment acquis par les Compagnons de Saint-Laurent.

Dans ce village enchanté de la presqu'île de Vaudreuil-Soulanges, il y eut jadis un va-et-vient incessant où se mêlaient chasseurs, coureurs de bois, défricheurs, missionnaires et contestataires, lors de l'Insurrection des patriotes de 1837-1838. Dès son arrivée, Félix se met à sa table de travail et compose les paroles et la musique de *Bozo, Les Nouveau-nés, Demain, si la mer*.

Il est bien difficile de résister à la beauté de Vaudreuil, que déjà Champlain et Radisson lorgnaient en 1613, Jean Nicolet en 1640, d'Iberville en 1686, sans oublier La Vérendrye, Dollard-des-Ormeaux… Félix, qui passa 22 ans de sa vie dans ce village, a eu raison d'écrire : « Si tu es poète, que ton ambition ne soit pas de briller mais de chanter le coin de terre où tu vis. »

En 1946, les Leclerc transportent leurs pénates dans l'Anse de Vaudreuil, en face du lac des Deux-Montagnes. Félix écrit sans relâche sur sa terre d'adoption, la nature, les bêtes et les gens de la campagne. Il lui arrive souvent de se promener en tracteur l'été. Durant les tempêtes d'hiver, il attelle ses deux colleys ou la jument rouge de son voisin, Rosaire Vinet, pour aller acheter de l'outillage et de la nourriture pour ses animaux domestiques.

C'est le début d'un long voisinage avec son nouvel ami. L'amour de la terre et de la ferme rapproche ces hommes aussi différents que semblables. Félix prend plaisir à lui faire la causette : « Tu sais, mon Rosaire, un arbre qui pousse, c'est beau et grandiose ; il faut prendre le temps de s'arrêter pour l'écouter grandir. » Le cultivateur Vinet n'a pas besoin d'explications, il sait tout cela, même s'il n'a pas les mêmes mots pour le dire. À partir de ce moment-là, une complicité et une confiance absolue s'établissent entre eux. Rosaire a les clés de la maison de Félix. Il prend soin des bâtiments et des animaux et ne se fait jamais prier pour rendre service. Au cœur de l'hiver, alors que le mauvais temps sévit depuis deux ou trois jours, Félix doit absolument aller à Oka présenter son récital. On ne voit ni ciel ni terre, les routes sont fermées.

Rosaire sort de l'écurie sa jument Belley, fait une place à Félix dans la carriole, bien emmitouflé avec sa guitare au chaud dans un grand sac de couchage. Dans un immense nuage blanc poudreux que le vent charrie dans toutes les directions, Belley avance au petit trot. Trois heures pour venir à bout de ce parcours cahoteux. Félix arrive à l'heure pour donner son spectacle devant les gens de la faculté d'agriculture où son frère Jean-Marie a fait ses études.

Sur le chemin du retour, aux petites heures du matin, Rosaire ramène l'artiste à bon port. Doudouche les attend avec un bon gueuleton et du gin chaud au miel, du bon cheddar fabriqué avec du lait de vache et de la galette de sarrasin bien arrosée de sirop d'érable.

Rosaire Vinet s'est toujours servi de la grange des Leclerc pour entreposer son foin. Chaque fois qu'il rappelle son geste généreux à Félix, il reçoit la même réponse. « Mais non, au contraire, c'est toi qui me rends service en la remplissant de foin pour l'empêcher de s'envoler au vent ! »

Avec ses voisins de l'Anse de Vaudreuil, Félix s'aventure sur la rivière au mois de mars pour les aider à faire la coupe de la glace. Armés de haches, de gaffes, de godendarts, de grosses pinces à poignées, de câbles, de chaussures à crampons, de véhicules tirés par des chevaux de trait, ils envahissent la surface gelée du lac, non loin de la grève. Le poète fait l'apprentissage de ce dur métier et va chercher du bran de scie à Hudson, où travaillent plusieurs Indiens d'Oka qui profitent de l'occasion pour lui vendre des manches de haches et de pics, mais aussi de jolis paniers à linge en écorce.

Durant l'été 1946, Félix séjourne à l'Île d'Orléans. Il se réfugie quelques mois chez Jos Pichette où il écrit *Le fou de l'île.* C'est un roman plein de poésie, rédigé dans une langue drue et savoureuse, où l'on retrouve la résonance de ses chansons. À la fin de l'année, Félix connaît un succès avec son récit *Pieds nus dans l'aube,* une féerie poétique de la vie de tous les jours. Il raconte son enfance à La Tuque, ses découvertes d'adolescent. On compare son ouvrage au *Grand Meaulnes* d'Alain Fournier. Toujours les comparaisons ! En même temps, Radio-Canada présente *Théâtre dans ma guitare,* une série de petits sketches dont *Le bal chez les fleurs, La nichée, Le soulier dans les labours.*

Vaudreuil, c'est une belle époque pour Félix, l'insouciance, les amis, la joie de vivre. Souvent, avec Guy Mauffette et son beau-frère Yves Vien, ils se réunissent chez lui et forment un trio époustouflant. Par un bel après-midi, ils partent en chaloupe à moteur, histoire de pêcher quelques perchaudes pour le repas du soir.

À minuit, l'épouse de Félix reçoit un appel de son mari lui disant de ne pas s'inquiéter, que tout marche comme sur des roulettes. Le hic, c'est qu'ils ont tout simplement été emportés par une vague et s'apprêtent à quitter Oka pour revenir sur la berge de l'Anse de Vaudreuil. « Ne t'en fais pas Doudouche, on a perdu la notion de l'heure, mais pas la raison. On a manqué d'essence et on s'est laissé aller à la dérive chez les Mohawks d'Oka. Ils nous ont reçus comme des frères et nous ont offert, au son du tam-tam, un petit verre ou trois d'eau-de-vie. Ça ne se refusait pas. »

À deux heures du matin, les joyeux naufragés accostent au petit quai de l'Anse, pompettes et contents de leur escapade nocturne.

Félix a le théâtre dans le sang. Il rêve de présenter ses pièces, peu importe l'endroit ou les cachets. Les Compagnons de Saint-Laurent, qui ont déjà créé une première œuvre de Leclerc, *Sanctus*, vont présenter *Maluron*, le 8 mars 1947, au théâtre Gesù à Montréal. On y donnera 25 représentations, mettant en vedette 12 personnages bien campés, notamment par Guy Mauffette, Thérèse Cadorette, Guy Provost, Georges Groulx, Carl Dubuc, Denise Vachon, Lucille Cousineau…

Ernest Pallascio-Morin signe dans *La Patrie*, une critique élogieuse sur *Maluron* : « Félix Leclerc vient de nous présenter une œuvre où il révèle son âme de poète, mais un poète qui pense pour le théâtre… Ce personnage, Maluron, s'identifie au théâtre de chez nous avec autant de signification que Maria Chapdelaine ou Séraphin Poudrier… »

Qui est Maluron ? C'est un fils de fermier qui n'a pas le goût de la terre. Ce n'est pas la ville et sa vie brillante et essoufflée qui l'attirent. Même si Maluron veut faire du théâtre, il ne songe pas aux applaudissements, à l'argent, à la gloriole ; il rêve de dire de belles choses, d'être l'interprète des poètes, de chanter pour ceux qui n'ont pas de voix.

En 1948, Félix fonde avec ses compères la Compagnie théâtrale VLM (Vien, Leclerc, Mauffette). Un investissement de quêteux ! Et le 23 octobre 1948, c'est la première mondiale de la pièce *Le p'tit bonheur* au Centre des loisirs de Vaudreuil. Ensuite, c'est la tournée au Québec, en commençant par l'auditorium du Collège Bourget, à Rigaud, le théâtre Gesù, à Montréal, quarante soirs durant.

Quatre excellents comédiens jouent les 18 personnages du *P'tit bonheur*: Guy Mauffette, Huguette Oligny, Julien Lippé et Jean-Pierre Masson. Et Félix, la guitare au cou, fait les liens entre les rideaux avec des chansons spécialement composées pour présenter chaque saynète de cette comédie en deux actes et sept tableaux.

Pour le journaliste Gérard Pelletier, c'est une soirée dans un château avec l'incomparable Félix Leclerc. « L'excellente équipe d'interprètes… La mise en scène de Guy Mauffette, ingénieuse, variée sert à merveille le spectacle et concourt à l'impression de parfaite détente qui s'en dégage. »

C'est à Vaudreuil que Félix crée une grande partie de son œuvre magistrale. Que de belles chansons voient le jour entre 1945 et 1950: *Le train du nord, Moi, mes souliers, Le Roi heureux, L'Hymne au printemps, La mer n'est pas la mer*… Félix écrit ses textes et ses musiques pêle-mêle sur tout ce qui lui tombe sous la main, au verso des calendriers, sur du papier d'emballage, à même les murs. Au magasin général des Boileau, il achète au rabais des chutes de papier peint et des cahiers d'écoliers. Il en sème dans toutes les pièces de la maison et des bâtiments adjacents.

Après l'achat de sa première voiture, une Austin 1948, Félix est heureux du succès de sa pièce *La P'tite Misère*, mais aussi de *La caverne des splendeurs* jouée par la Compagnie VLM au Gesù, du 23 octobre au 29 novembre 1949. Les Compagnons de la chanson, un groupe vocal créé à Paris en 1944, qui ont accordé à VLM l'exclusivité de leurs spectacles au Canada, partagent la même affiche.

Félix refuse qu'on se contente de le considérer comme un romancier ou un parolier. Un bon matin, c'est une idée de pièce de théâtre qu'il entreprend d'écrire. Le lendemain, c'est le soleil ardent qui le pousse à prendre sa guitare pour composer d'autres merveilles comme *La danse la moins jolie* ou encore *Petit Pierre* qui raconte la mort tragique d'un jeune et talentueux comédien qui s'est noyé volontairement, tout près de la maison de Félix.

À Vaudreuil, dans l'entourage de Félix, on veut que le poète joue de plus d'audace et fasse un coup d'éclat. Mais quoi faire? Mauffette et Vien le convaincront, au printemps 1950, de rencontrer le grand patron de la maison de disques Archambault (fondée à Montréal en 1896). Après une discussion de trois heures avec Rosaire Archambault, qui vient de remplacer son oncle Edmond à la direction de l'entreprise, le trio repart avec la promesse de recevoir éventuellement une réponse positive concernant l'enregistrement des chansons de Leclerc.

En attendant la bonne nouvelle qui n'arrive pas, quelque chose d'inattendu se produit: le puissant imprésario Jacques Canetti, de passage à Montréal avec Maurice Chevalier, Patachou, Jacqueline François et Rose Mania, est à la recherche de chanteurs qu'il songe à lancer en France. Canetti accepte l'invitation de son ami Jean Rafa de se rendre au Faisan doré. Celui-ci vient de composer *Les nuits de Montréal* pour Jacques Normand et Andrex (André Jaubert) comédien-chanteur, créateur de *Bébert* et de la *Samba brésilienne*. Rafa connaît Canetti depuis 1936, alors que ce dernier était producteur de l'émission *Music-hall des jeunes* à Radio-Cité. C'est lui qui a lancé le concours éprouvant appelé le crochet au cours duquel les amateurs se faisaient conspuer et siffler sans vergogne s'ils n'arrivaient pas à supporter les feux de la rampe que ce soit par manque de talent, d'assurance, de préparation ou par panique. Jean Rafa, tout comme Jacques Brel, André Dassary et Marcel Amont, est l'un de ceux qui s'en sont tirés haut la main en remportant la grande finale. Entre Rafa et Canetti, l'amitié ne s'est jamais démentie.

Revenons au Faisan doré. Après le dernier tour de chant du fantaisiste Jacques Normand, Canetti lui propose de le propulser au rang des vedettes du calibre de Chevalier et de Trenet. Un peu gris à pareille heure, mais bien

90

conscient de l'offre alléchante, Jacques Normand déclare à l'illustre visiteur que le seul artiste qui puisse représenter les Canadiens français en France, c'est Félix Leclerc !

En pleine nuit, Jean Rafa téléphone au réalisateur Pierre Dulude de CKVL et lui demande, en s'excusant de l'heure tardive, de fixer un rendez-vous avec Félix Leclerc et Jacques Canetti pour une affaire urgente et très importante. Sans trop se poser de questions et pour faire plaisir à son ami Dulude, Félix accepte de se rendre dans les studios de la station de radio de Verdun.

Rendons à César ce qui est à César et voyons comment toute cette affaire a commencé. Guy Mauffette raconte : « Nous fêtions l'anniversaire du comédien Jean-Pierre Masson avec qui j'animais *La parade de la chansonnette française*. J'avais invité Félix à cette fête intime, lui enjoignant d'apporter un gâteau et sa guitare, ce qu'il fit sans se faire prier. Lorsque Félix s'est mis à chanter, Dulude, en cachette, enregistra ce récital improvisé. C'est cette bobine qu'on fit entendre à Canetti. »

Quand Jacques Canetti entend l'enregistrement en question, il en demeure bouche bée. Il vient de trouver le phénomène qu'il cherche. En regardant Félix dans le blanc des yeux, il lui dit : « Pour Paris, ce sera du tonnerre ! Ça sonne naturel et c'est complètement différent de tout ce que j'ai entendu dans ma vie. Je retourne chez moi demain, mais soyez assuré que je ne perds pas le contact. » Canetti, bouleversé, recommande à Félix de se préparer pour le grand voyage de sa vie.

Le lendemain, dans les studios Marco, en présence du dynamique imprésario, Félix enregistre d'affilée une douzaine de chansons. Sans perdre une seconde, Canetti retourne en vitesse à son hôtel pour faire ses bagages et préparer une lettre d'entente stipulant qu'il s'engage à produire de sept à huit disques par an, exigeant par ailleurs cinq ans d'exclusivité. Félix signe le contrat les yeux fermés. Il ne croit pas qu'un autre miracle va se produire, comme ce fut le cas auparavant à Radio-Canada.

Dès son arrivée à Paris, Jacques Canetti passe un coup de fil à son ami et voisin de Saint-Cyr-sur-Morin, Pierre Mac Orlan, auteur de *Quai des brumes*: «Je reviens du Canada et j'ai quelque chose d'exceptionnel à te faire entendre. Je fais un saut chez toi.»

Mac Orlan, — de son vrai nom Pierre Dumarchey — séduit par la voix, l'originalité et la poésie de Leclerc, reste à son tour émerveillé par le talent de l'inconnu: «Je t'assure, Jacques, que ton poulain va aller très loin. Il a de la couleur et une façon de chanter unique en son genre. Je m'engage à endosser sa candidature et à le proposer aux membres du jury du Grand Prix du disque de l'Académie Charles-Cros, dont je fais partie.»

Les mois passent comme à l'accoutumée, sans que Félix entende parler de sa rencontre avec Jacques Canetti et de l'entente signée entre eux. Soudain, le téléphone sonne chez Félix pour lui apprendre qu'il a reçu un télégramme à la petite gare de Dorion, située à quelques kilomètres de Vaudreuil. Doudouche s'empresse d'aller le chercher. Canetti apprend à son phénix que son premier disque tourne en France et qu'il débute à l'ABC dès le 23 décembre 1950.

C'est l'affolement total autour de Félix qui, lui, ne s'en fait pas du tout, du moins en apparence. Dans la hâte et la joie, il fait ses bagages à la dernière minute, sans avoir pris le temps de s'acheter des souliers neufs et des vêtements de circonstance. Au début, Félix croit que l'ABC est un théâtre pour enfants et ne pense pas qu'il s'agit de l'un des plus prestigieux music-hall de Paris.

Trois jours avant que Félix débute sur la scène parisienne, Jean Rafa arrive dans les parages. Pour distraire «le Canadien» que la nervosité envahit, il l'entraîne au cabaret Le Tourbillon, de la rue Tanger à La Villette. Sans le prévenir, Rafa invite son ami à monter sur scène. Dédé, l'un des musiciens du cabaret, prête sa guitare à Félix qui, sans se faire prier, décide de chanter une, deux, trois chansons. Un tonnerre d'applaudissements! On bisse, on trisse, on acclame le héros de la soirée.

Lolo, le patron du Tourbillon, offre une tournée générale à ses clients enthousiastes, à la santé de Félix Leclerc, et affirme à Jean Rafa: «Ton pote du Canada, c'est un soleil! Un vrai gitan de l'Amérique. Il a des mots qui nous enflamment le cœur. Jamais il ne partira d'ici. Les Français vont l'adopter comme un enfant prodigue qui rentre au bercail.»

La soirée ne fait que commencer même s'il est passé minuit. L'accordéon est à l'honneur et Félix se joint à l'assistance pour chanter en cœur *Rue de Lappe* de Francis Lemarque et *La Rumba du pinceau* de Bourvil. Pour la première fois depuis son arrivée à Paris, il se détend et croit rêver. Après quelques verres de mousseux et de champagne, il a la langue bien pendue et a l'impression d'avoir toujours vingt ans.

Le lendemain, Félix complètement dégrisé se retrouve bien seul, en train de répéter à l'ABC. Le directeur artistique du théâtre, Mitty Goldin, l'assomme de ses conseils; d'abord éviter de mettre le pied sur une chaise pour caler sa guitare sur lui, puis regarder davantage le public et, enfin, se vêtir d'une façon plus convenable.

Félix est hors de lui et fait la mauvaise tête. Il menace de faire ses valises et de rentrer chez lui, où l'on ne lui dicte pas quoi faire. «C'est à prendre ou à laisser, Mister Mitty, je suis comme je suis. Et si ça ne marche pas, tant pis… On finira bien par m'accepter dans ce pays de mes ancêtres qui est aussi le mien. Les Français vont me donner une réponse claire et nette.» Cet ultimatum a l'heur de calmer le difficile et intransigeant directeur qui trouve le nouveau venu assez raide dans sa mise au point. L'heure de la réconciliation sonne…

Au lendemain de la première à l'ABC, le 24 décembre 1950, Félix est encensé par les critiques. L.-R. Dauven signe dans la revue *Mon programme*: «La soirée fut pour Leclerc triomphale. On découvre avec une surprise joyeuse un artiste qui ne doit rien à personne, qui ne se préoccupe pas de suivre la mode ou de faire songer à tel ou tel de ses aînés, un gars rude et simple qui, d'une très belle voix grave, chante les choses et les gens qu'il aime, ses montagnes, ses prairies et les jolies filles de la vallée. Un souffle d'air pur passe dans la salle… Félix a conquis Paris».

À sa bonne amie Juliette Huot, comédienne assidue dans ses pièces, Félix écrit une longue lettre qui traduit bien son état d'âme. «De ma vie, je ne me souviens pas avoir fait une aussi cruelle promenade. J'abordais mon spectacle en pensant à ma femme et à notre fils, à mes amis, à ma maison au bord du lac à Vaudreuil. Dès les premières chansons, je sus par la réaction de l'auditoire, que je venais d'accrocher des lièvres français à mon tableau de chasse, que j'étais le bienvenu au pays de mes ancêtres.»

Au troisième étage de l'ABC, Félix occupe la loge numéro trois, entre celle de Jacqueline François et du chansonnier Paul Colline, auteur de revues satiriques et de films, et celle de deux jeunes contorsionnistes allemands, qui font des nœuds avec leurs jambes et se dévissent le cou avec leurs pieds.

À Paris, il loge provisoirement au Grand Hôtel de la Place de l'Opéra, mais il cherche une chambre modeste près de l'église de Saint-Germain-des-Prés. Il savoure le bel article que la journaliste montréalaise, Odette Oligny, a écrit sur son compte. «Le Canadien, telle est l'étiquette qu'on lui accole, vêtu d'un pantalon de velours brun usé, ses souliers ayant beaucoup voyagé, sa guitare à la main, Félix commença par chanter Le p'tit bonheur… Ce fut un triomphe instantané. Sa légende commença…»

Bien qu'il ait les pieds solidement ancrés dans le sol, Félix est sur un nuage en cette fin d'année qui se termine en beauté avec des projets magnifiques. Il n'en finit plus d'écrire à ses amis et surtout à sa femme pour la rassurer et lui apprendre qu'elle devra dans peu de temps s'envoler pour Paris avec Martin qui aura bientôt six ans.

Quant au père André Cordeau, C.S.C., des Éditions Fides, Félix lui adresse ses remerciements pour ses démarches qui lui ont valu une bourse de mille dollars pour couvrir son voyage à Paris. Il lui demande de répondre à Jacques Canetti qui tient à ce que ses livres soient édités en France. Comme on peut le voir, Félix, une fois lancé en orbite, ne lâche pas prise facilement. Le poète devient plus réaliste et pratique, mais surtout conscient de sa valeur. À 36 ans, il ne veut pas qu'on le prenne pour un utopiste ou un opportuniste cherchant la gloire à tout prix.

Au réveillon de la Saint-Sylvestre, le 31 décembre 1950, Félix fait la connaissance de l'homme au canotier, Maurice Chevalier, au cabaret de Patachou, Place du Tertre à Montmartre. Le célèbre Momo lui fait un accueil fraternel. Il s'empare du micro, montre Félix et s'exclame : « Mes amis, nous avons parmi nous l'un des plus grands poètes de notre époque, qui va nous faire voyager au cœur de son immense pays. Ses chansons sont comme un grand verre d'eau pure et cristalline. Il nous apporte un vent de fraîcheur provenant des rives de son fleuve Saint-Laurent. » Félix est ému de rencontrer sur son chemin des gens qui l'admirent et l'apprécient.

À minuit vingt, heure de Paris, il obtient la communication téléphonique avec son épouse, Andrée, et avec son fils Martin. Bons baisers et bonne et heureuse année ! Il est six heures vingt à Vaudreuil, en ce premier Jour de l'An 1951.

Les jours se suivent et ne se ressemblent pas. Félix découvre Paris avec de nouveaux amis qui l'amènent au marché aux puces de Saint-Ouen, dans les Halles, « sous le pont Mirabeau où coule la Seine », à l'église de la Madeleine... Ce seront ensuite de petits voyages à Versailles et à Malmaison, à Montfort-L'Amaury, Clermont-Ferrand, Fontainebleau, Chartres... La vie est belle !

Charles Trenet, le « fou chantant », déclare publiquement que Félix est le premier chanteur, depuis plusieurs décennies, à apporter du neuf dans la chanson française. « Dans vos mélodies, cher Félix, les ruisseaux parlent, les forêts chantent, le vent pleure, la neige réchauffe le cœur.» Le sourcier Leclerc est chaque fois ébahi de voir des artistes aussi connus qu'Edith Piaf se déplacer pour l'entendre chanter. Surtout quand celle-ci, en plus de l'inviter chez elle, prend ensuite la peine de lui envoyer un petit billet personnel: «Vos chansons sont tellement belles que je ne pourrais pas vous rendre justice en les interprétant. Continuez de les chanter vous-même et vous connaîtrez la gloire. Le public se rendra vite compte de votre talent indéniable.»

Qui aurait pu prévoir que c'est en grattant sa vieille guitare que Félix Leclerc remporterait le Grand Prix du disque en 1951 avec *Moi, mes souliers*? Cette guitare Cromwell, fabriquée aux États-Unis, sera plus tard accrochée au mur du Musée régional de Vaudreuil-Soulanges. Le secret de la réussite de Félix à Paris, selon Guy Mauffette, c'est d'être arrivé là avec du bon blé, un grand vent du Québec, et d'être resté lui-même. Quand Félix écrit un texte, il suit l'exemple de Jean Cocteau qui disait: «Secoue le pommier sans arrêt et garde seulement les pommes qui ne tombent pas.»

Félix tombe amoureux fou de Paris. Un jeune journaliste québécois, Jacques Languirand, devient son guide. «Lui, ses souliers… et les miens. Je connaissais assez bien Paris, mais j'avoue que de découvrir cette ville magique à travers les yeux de Félix a été l'une des plus belles expériences de ma vie. Son émerveillement venait de l'impression qu'il avait de se promener dans un film français… dont il était le scénariste. Lui parlait, et moi j'écoutais. Il jonglait avec les mots et imitait les gens. Un soir, apercevant Notre-Dame, il me dit: «Regarde! On dirait un grand paquebot qui fend la nuit.»

Languirand a beaucoup appris de Leclerc sur le métier d'écrivain. Pour Félix, écrire, c'était comme fabriquer une belle armoire ou une table. Il faut qu'elles soient droites, affirmait-il en mimant le geste du menuisier qui regarde d'un œil une planche sur le travers. Le prof a expliqué à son élève que les secrets d'un écrivain ou d'un journaliste ne s'apprennent pas à l'école, et que leur effort se ressent surtout au niveau du dos.

Pierre Delanoë a su apporter un encouragement sans équivoque à Félix Leclerc, en écrivant que *Moi, mes souliers* était au nombre des dix chansons qu'il a le plus aimées. Il la plaçait au même rang que *La Bohème* de Charles Aznavour, *Les copains d'abord* de Georges Brassens, *Avec le temps* de Léo Ferré et *D'aventures en aventures* de Serge Lama. Il n'en fallait pas plus pour que Félix entreprenne de faire la conquête, non seulement de Paris, mais de toute la francophonie. Delanoë, qui a écrit les grands succès de Gilbert Bécaud, Nana Mouskouri, Joe Dassin, Michel Fugain et de bien d'autres, n'a jamais caché son admiration sans bornes pour Félix Leclerc.

En France, chaque fois que Félix décroche sa guitare et se met à chanter, sa popularité est immédiate. L'Europe le célèbre ! Les journaux se plaisent à rapporter les propos du Canadien sur sa vie paysanne à La Tuque : « Trente bûcherons dormaient au grenier, douze chevaux à l'écurie et… maman, dans un pays en friche, au salon, nous jouait du Schubert et du Mozart. »

Sur l'un de ses premiers disques, Félix enregistre les propos suivants sur son enfance : « Nous sommes tous nés, frères et sœurs, dans une longue maison de bois à trois étages, une maison bossue et cuite comme un pain de ménage, chaude en dedans et propre comme de la mie… Coiffée de bardeaux offrant asile aux grives sous ses pignons, elle ressemblait elle-même à un vieux nid juché dans le silence. De biais avec les vents du nord, admirablement composée avec la nature, on pouvait la prendre aussi, vue du chemin, pour un immense caillou de pierre… »

CHAPITRE VII

APRÈS TROIS ANNÉES EN EUROPE, FÉLIX REVIENT VIVRE À VAUDREUIL

En ce début d'année 1951, le succès de Félix Leclerc ne se dément pas à Paris. Pendant deux mois d'affilée, les Français le découvrent sous toutes ses facettes à l'ABC. L'imprésario Jacques Canetti ne peut que se féliciter de son flair ; c'est vraiment lui le premier artisan de la montée fulgurante du « Canadien » en France qui renoue avec ses racines. On a le cœur à la fête après les horreurs d'une guerre qui a laissé le pays mutilé et meurtri.

À son arrivée à Paris en décembre 1950, Félix qui est un parfait inconnu est surpris de voir comment son manager a réussi à lui ouvrir autant de portes, à convaincre le grand éditeur Raoul Breton de publier ses chansons : « Je lui ai dit que tu avais besoin de pognon pour faire venir ta famille à Paris ; il n'a même pas marchandé. Pour éditer 12 de tes chansons, tu recevras un million de francs. » (Cette somme équivalait à l'époque à environ 2 000 $.)

En février, son épouse et son fils le rejoignent enfin. La joie de Félix explose. C'est un moment privilégié pour la famille qui s'installe dans un petit hôtel, Le Cristal, rue Saint-Benoit, à deux pas du Café de Flore. Le poète est ravi de se retrouver en plein Saint-Germain-des-Prés où défilent, jour et nuit, les créateurs: peintres, sculpteurs, chanteurs et écrivains sans frontières.

C'est d'ailleurs aux Deux Magots qu'il rencontre le philosophe et écrivain Jean-Paul Sartre, et la romancière existentialiste, Simone de Beauvoir. En la voyant arriver à sa table, coiffée de son traditionnel turban, Félix lui demande ironiquement pourquoi elle cache ses beaux cheveux. Est-ce pour dissimuler sa féminité et paraître plus féministe? Leclerc n'est pas un intellectuel à la fine pointe de la pensée, il le sait bien, ce qui ne l'empêche pas de suivre ses propres courants et intuitions. Il est aux antipodes de ceux qui cultivent les lettres avec, souvent, beaucoup d'arrogance et de mépris. À cette époque de rupture avec l'Église, on s'étonne que Félix ait gardé une foi aussi ardente.

Félix fait découvrir les moindres recoins de la Ville lumière à Andrée et Martin. Les Leclerc emménagent dans l'appartement de la comédienne Suzanne Cloutier qui part à Londres tourner un film avec Peter Ustinov, lequel deviendra son mari et le père de ses trois enfants. Sachant fort bien que ce n'est pas facile de se loger à Paris, ils font confiance à leur bonne étoile.

Une surprise n'attend pas l'autre. Un jour, Henri Salvador, nouvellement marié, offre son logement à Félix pour le temps d'une tournée qu'il s'apprête à faire. Ça ne se refuse pas. Dans le XVIe arrondissement, Martin va au jardin d'enfants de la rue Erlanger. Quelques mois plus tard, Jacques Canetti met à leur disposition un grand studio luxueux, rue Dobotel, près de l'Étoile et du boulevard de Courcelles. Finis les déménagements impromptus et les longues courses épuisantes!

On vient de tous les coins de l'Hexagone pour voir et entendre Félix aux Trois Baudets. Les Français fredonnent *L'âme des poètes* de Charles Trenet, *Étoile des neiges* de Line Renaud, *Mexico* de Luis Mariano, mais aussi *Moi, mes souliers* de Félix Leclerc que l'on reconnaît maintenant lorsqu'il déambule dans la rue. On aime la belle simplicité du troubadour de l'Amérique. Félix apprend que deux de ses livres, *Théâtre de village* et *Le hamac dans les voiles*, viennent d'être publiés en France et que cinq directeurs de salles se disputent pour présenter sa pièce *Le p'tit bonheur*.

Félix ne se doute pas du tout que *Le p'tit bonheur* et plusieurs de ses chansons seront enregistrées rapidement par les artistes les plus talentueux de l'époque: Dalida, Mathé Altéry, Patachou, Catherine Sauvage, Nicole Croisille, Monique Leyrac…

En très peu de temps, Félix devient la personnalité à la mode. Il possède ce don magique: la présence! Sa voix chaleureuse, captivante, persuasive, son sens de l'humour, parfois contestable et absurde, lui valent l'attention des célébrités du monde entier. À 37 ans, il est dans la force de l'âge; son physique plaît beaucoup aux femmes et ça le trouble un peu, mais il se consacre entièrement à sa carrière et à Doudouche. Il travaille sans relâche pour peaufiner ses spectacles et s'abstient de tout alcool. Une vie presque monastique, d'une grande sobriété. Est-ce le prix de la gloire? «On reconnaît, dit-il, l'artiste à ses œuvres et non à ses projets, à ses voyages et à ses rêves.»

Les mondanités de l'artiste se limitent à la fréquentation d'un cercle restreint d'amis français et québécois installés en France. Le dimanche, après la messe ou un concert d'orgues à Notre-Dame, les Leclerc déjeunent souvent au Café Royal, en compagnie de journaliste Rudel Tessier, de ses sœurs Paule et Marcelle, et du guitariste Django Reinhardt, connu dans toutes les caves de Saint-Germain-des-Prés pour sa musique ensorcelante. Félix prend d'office sa table attitrée, et des amis dont Catherine Sauvage, Raymond Devos, Fernand Raynaud, l'écrivain Louis Nucéra et son épouse Suzanne, viennent s'asseoir avec les Québécois pour casser la croûte et discuter des dernières nouvelles. Le Tout-Paris est en liesse, à cette époque du bimillénaire où l'on prépare fiévreusement de grandes festivités.

Félix s'est lié d'amitié avec Jean-Baptiste, dit Django, dont le son et l'âme font vibrer les Français. Le guitariste était surnommé «l'éclair à trois doigts» depuis qu'un incendie lui avait laissé deux doigts de la main gauche paralysés. C'est la fête le jour où Django, Jean Sablon et Félix Leclerc se rencontrent dans un studio d'enregistrement à Paris.

À propos de «l'ambassadeur de la chanson française aux États-Unis», Jean Sablon, créateur de *Vous qui passez sans me voir*, Félix raconte: «Il nous a fait passer sur le Pont d'Avignon. Il a été celui qui a donné de l'élégance et de la politesse à la chanson française. Il a apporté un rythme moderne tout à fait nouveau en France, un style qui continue de faire école. C'est un gentilhomme d'une générosité remarquable et d'une grande modestie.»

Dans sa mansarde à Vaudreuil, Félix garde précieusement un disque d'avant-guerre enregistré par Jean Sablon avec Stéphane Grappelli et Django Reinhardt, que ce dernier lui a offert peu de temps avant sa mort survenue alors qu'il n'avait que 43 ans.

Après ses spectacles, Félix adore rendre visite à son beau-frère, Henri Landry, mari de sa sœur Cécile. Le couple vit sur une péniche amarrée près du Pont Alexandre III, dans l'ombre de la Tour Eiffel. On évoque des souvenirs de famille et du Québec avec une certaine nostalgie.

Aussi curieux que cela puisse paraître, Félix ne prévient pas sa sœur cadette de ses débuts à Paris. La veille de son tour de chant, son beau-frère voit le nom de Félix Leclerc sur la grande affiche extérieure de l'ABC. Il demande alors à la responsable des guichets s'il s'agit bien du chanteur canadien du même nom… Il réussit heureusement, après s'être identifié, à obtenir deux places pour le soir de la première.

Félix travaille constamment à la rédaction de ses livres et chansons. Andrée, quant à elle, en profite pour se gaver de bons films, en compagnie de son amie Suzanne Avon, installée en France depuis son mariage avec Fred Mella, soliste des Compagnons de la chanson. Andrée Leclerc est aussi très proche de la chanteuse Lucienne Vernay, épouse de Jacques Canetti. Toutes deux présideront un grand défilé de mode chez Christian Dior, qui présente sa collection *Hymne au printemps* en l'honneur de la chanson de Félix. À n'en pas douter, Canetti est au mieux avec Dior et il sait habilement tirer les ficelles pour mousser les artistes qui logent à son enseigne.

Qui est-il donc, ce Jacques Canetti, né en Bulgarie en 1909 et élevé en Angleterre? Il réussit à obtenir de Marlène Dietrich un premier enregistrement en français. C'est lui qui organise les premiers concerts de Duke Ellington et de Louis Armstrong à Paris. Pendant la guerre, on le retrouve à Alger. Il prépare des émissions pour Radio-France et fonde un théâtre de chansonniers qui voyage à travers le Moyen-Orient. Puis, c'est la Libération en 1945. Il reconstitue l'écurie Polydor et devient directeur artistique chez Philips, crée le théâtre des Trois Baudets où il fait connaître les grands noms de la chanson: Salvador, Leclerc, Gréco, Brassens, Béart, Mouloudji… Il organise les tournées d'Yves Montand. Vraiment, Canetti est partout!

Objet d'une véritable adulation, Félix n'a jamais reçu autant d'éloges et de témoignages gratifiants. L'Académie Charles-Cros lui décerne, en 1951, son Grand Prix pour *Moi, mes souliers. France-Soir* rapporte les propos du récipiendaire à l'occasion de cet événement prestigieux: «Du fond du cœur, je vous remercie. Cet honneur me comble de joie. Je suis venu de loin pour chanter en faisant résonner ma guitare. Dans ma famille de 11 enfants, on m'appelait l'artiste. Je le devins en cours de route. À présent, presque tous mes frères et sœurs travaillent sur leur ferme. Moi, je suis resté l'artiste de la tribu. Avec ce Grand Prix que vous m'accordez, mes souliers ont encore beaucoup de routes à traverser avant que je ne m'arrête. Merci de votre si bel accueil.»

Puis arrive son premier gala à l'extérieur de Paris, précisément à Rennes en Bretagne. Félix est tout ému de se retrouver dans cette belle ville universitaire qui a été bombardée au cours de la dernière guerre. Les Bretons ont été les premiers colons à aller s'installer au Canada. Quand Félix s'absente des Trois Baudets, ses amis Patachou ou Georges Brassens prennent la relève.

Félix prévoit revenir chez lui, à Vaudreuil, pour mettre de l'ordre dans ses affaires. Même si Paris le hisse au sommet des grands troubadours, il éprouve le besoin de revoir ses parents et amis, ses animaux et ses paysages saisonniers. En avril 1951, lorsqu'il revient au Québec, la sève coule des érables ; les champs labourés sont encore ensevelis sous une couche de neige, mais le soleil, chaque jour, accentue son emprise sur la nature.

Félix accepte de se rendre à l'hôtel de ville de Montréal pour y signer le Livre d'or, sur l'invitation du maire Camilien Houde, tribun populaire et l'une des figures les plus pittoresques de l'histoire du Québec. Quelques jours plus tard, à l'Hôtel Windsor, le héros est l'invité d'honneur de la Chambre de commerce de Montréal, en présence de Maurice Chevalier, Patachou, Jacques Canetti, Juliette Huot et de nombreux invités du monde artistique, des affaires et de la politique.

L'animateur de cette soirée, Gérard Delage, surnommé le prince de la gastronomie, y va de son petit discours d'une grande vivacité d'esprit : « Même si on a eu beaucoup de peine à voir notre club de hockey, Les Canadiens, perdre chez les Anglais de Toronto, nous avons eu le grand bonheur de voir Félix Leclerc gagner à Paris, sur une patinoire française encore plus vive et dangereuse qu'au Forum de Montréal. Il mérite au moins cinq étoiles… »

Pendant ce court séjour parmi les siens, Félix accepte de chanter cinq soirs de suite au Continental, vu l'insistance de son ami Jacques Normand qui le présente, comme c'est son habitude, d'une façon un peu sarcastique : « Avant de vous faire entendre le célèbre chansonnier, permettez-moi de remercier la France et les critiques français qui nous ont révélé notre Félix Leclerc. S'il était né à Paris avant 1900, il aurait chanté ses rengaines dans les rues, au Lapin Agile et au Chat noir, comme Aristide Bruant, avec son écharpe rouge, son costume de velours, ses bottes et son chapeau à large bord. C'est un honneur de l'avoir parmi nous et de savoir que son talent et ses chansons font mieux connaître les Canadiens français au monde entier.»

Une fois ses affaires réglées, Félix s'envole de nouveau pour Paris. Il quitte Montréal, riche des souvenirs qu'il partagera avec Doudouche et Martin qui l'attendent à l'aéroport d'Orly. Aussitôt arrivé, il reprend le collier aux Trois Baudets et entreprend plusieurs tournées européennes. Rien ne l'empêche d'assister à la messe du dimanche partout où il passe. Il a besoin de se recueillir et de remercier la providence pour tout ce qui lui arrive de miraculeux. Félix apprend avec contentement que l'ONF (Office National du Film du Canada) prépare un documentaire dans lequel on le verra déambuler, avec sa famille, dans le Montmartre d'après-guerre.

Que de soirées de galas et d'évènements heureux ont été suscités par l'imprésario Canetti. Leclerc jouit d'un statut particulier d'un pays à l'autre. À Carthage, ville ancienne de l'Afrique du Nord située dans le Golfe de Tunis, les plus hauts dignitaires, dans leurs costumes d'apparat, l'accueillent à sa descente d'avion. On met à la disposition du troubadour un chauffeur en livrée aux gants blancs et conduisant une limousine royale.

Les Italiens aussi font la fête à Félix Leclerc. À Rome, il chante pendant dix soirs à l'Open Gate, un établissement sélect fréquenté par la noblesse et les gens riches. Emballé par le spectacle, Farouk, ex-roi d'Égypte, invite le couple Leclerc à une réception royale où se trouvent Martine Carol, Juliette Gréco, Anna Magnani, la princesse Borghèse et autres sommités.

Couronné en 1936, le roi Farouk, connu pour ses excentricités et sa vie trépidante, doit abdiquer en 1952 et s'exiler jusqu'à sa mort, en 1965. Félix connaît toute l'histoire de ce roi pris à parti par l'Angleterre. On lui chuchote à l'oreille que Farouk s'est mis à pleurer à chaudes larmes en entendant sa récente composition : *Le*

Roi heureux... Un carrosse embourbé / Les att'lages cassés / Essayait de monter le fossé / Les chevaux ne voulaient plus tirer / Se lamentaient les pauvres cochers...

Le charme du poète agit sur les Romains de la même façon que sur les Parisiens. On invite les Leclerc à l'Eliseo Teatro : « Ni ma femme, ni moi, ne comprenions un traitre mot d'italien ; cependant, on doit vous avouer que le soir même, au grand théâtre, on assista au spectacle du Molière italien qui s'appelle Goldoni, et on a tout compris, tellement le geste, le jeu, la technique, la danse, les pas sont naturels et étonnants de vérité. »

Le métier de Félix l'oblige à faire de nombreux voyages en Europe et dans d'autres pays francophones. Il fraternise tout naturellement avec d'éminents personnages, dont Pierre Dupuy, ambassadeur du Canada en Italie, qui lui fait rencontrer en audience privée le pape Pie XII.

Pour Félix, comme pour tous les pèlerins du monde entier, voir Rome, entrer au colossal Vatican, visiter la chapelle Sixtine, sont des rêves d'adolescent.

« Ce fut un moment inoubliable, cette rencontre avec le Pape, raconte Félix. Nous pleurions comme des enfants. Plus d'envie de rire, mais un grand désir de s'agenouiller et de ne pas bouger pour au moins une heure. »

En décembre 1950, à l'aéroport de Dorval, Grégoire Leclerc, au moment de quitter son frère, lui avait glissé au cou une chaînette en or avec une médaille de Saint-Christophe, patron des voyageurs. « Au Vatican, dit Félix, je me souviens de la promesse faite à Grégoire. Il voulait que je lui rapporte d'Italie, si jamais j'y allais un jour, une médaille bénite par Sa Sainteté. Ce voyage à Rome est resté gravé dans mon esprit. Quand le pape m'a demandé ce que je faisais dans la vie, je lui ai répondu, nerveusement, que je faisais des histoires, parfois je les écrivais, parfois je les chantais... Je suis à Paris depuis un an. Présentement, je suis en tournée dans votre ville. »

« Et la réponse instantanée du Souverain Pontife m'est arrivée droit au cœur : « Vous êtes artiste, j'aime beaucoup les artistes, les créateurs de symphonies qui sont des semeurs de beauté et d'espoir. Mais que ceci ne vous fasse pas oublier la famille et les êtres qui vous sont chers.» Puis, il est parti comme il était venu.» En quittant le Vatican, Félix détache la chaînette qu'il porte toujours au cou pour y enfiler la médaille promise à Grégoire, à côté de celle de Saint-Christophe.

Dans une longue lettre qu'il adresse au père Émile Legault, après sa visite de la Place Saint-Pierre, Félix raconte ce qu'il vient de vivre: «Aujourd'hui, je peux vous le dire, la connaissance de mon voisin et de mon métier, l'indulgence, les ailes, la fraternité, c'est à vous que je le dois. Merci de m'avoir ouvert la porte d'un royaume que je croyais réservé aux seuls Européens. J'ai fureté dans des domaines où j'avais l'air d'un fou, un valet dans Molière, un guitariste dans *Le barbier de Séville*... Bien honnêtement et sans flagornerie, je vous tire un coup de chapeau, vous le méritez, je suis votre obligé...»

Entre le père Legault et Félix, l'amitié est profonde et empreinte de respect: Leclerc est un authentique. Vous ne le voyez jamais si heureux qu'entouré de ses chiens, la tête dans le vent, le regard appliqué sur l'horizon de Vaudreuil, son patelin, attentif au langage qui monte de la terre. Le meuglement d'une vache au loin lui propose une musique aussi attachante que les applaudissements des auditoires mondains. Au fond de son cœur, il garde une ferveur pour les laboureurs chaussés des mêmes godillots.

«J'aurais été le premier surpris, ajoute le père Émile Legault, si vous m'aviez dit à l'époque que Félix serait un chanteur populaire. Il ne chantait que devant quelques amis et avait besoin d'une stricte intimité. C'était un timide et un solitaire. J'aurais jamais pensé qu'il passerait la rampe sur une scène. J'avais remarqué qu'il avait hérité du don de raconteur de village que possédait son grand-père, le don de communiquer, d'être près de la nature et de la vie. C'est un bonhomme qui est resté très authentique, lui-même. Il n'a pas laissé le succès lui monter à la tête...

Comme Molière, il avait appris à corriger les mœurs en riant et en ne se mettant jamais en colère…»

En juillet 1953, les Leclerc passent quelque temps au Québec. C'est encore une fois une suite de réceptions et de fêtes pour souligner le retour de l'ambassadeur de la chanson. Les responsables du Centre des loisirs de Vaudreuil, où l'on a présenté *Le p'tit bonheur* en 1948, décident en deux temps trois mouvements que c'est à leur tour de sortir l'argenterie, comme nos ancêtres disaient. À ces agapes joyeuses qui regroupent 500 participants, Guy Mauffette anime la soirée, comme lui seul sait le faire. Il salue en termes choisis celui qui parcourait les couloirs de Radio-Canada, son porte-documents sous le bras, dans lequel il enfouissait pêle-mêle poèmes, pièces de théâtre et chansons. On sait que Mauffette a été le premier à reconnaître le talent de Leclerc en faisant tourner ses chansons et en jouant ses sketches à la radio.

En plus de Jacques Normand et de Monique Leyrac, d'autres artistes sont au programme de cette magnifique soirée à Vaudreuil: Guy Godin, Noël Guyves, Charlotte Duchesne, le duo Lilianne Therrien et Lucie Laurin, sans oublier Raymond Lévesque, qui écrira, en 1956, l'immortel *Quand les hommes vivront d'amour*.

Pour remercier tout le monde, Félix monte sur la scène pour faire son petit discours d'une voix chevrotante mais tout de même rassurante: «Ce que j'ai fait n'est pas sensationnel. C'est l'aboutissement de mon travail, de circonstances heureuses, de beaucoup d'espoir. Je rêve à ma mère, à sa compréhension et à sa générosité toujours présente. Il y a eu des artisans de ce succès: d'abord ma femme, Doudouche, les Guy Mauffette et Yves Vien, le père Émile Legault, Jacques Normand. Mes amis de Vaudreuil, je vous convie à une chose délicieuse et satisfaisante: le travail. Celui qui cultive son champ avec application, au cours des années, doit s'attendre le moment venu à une belle récolte. C'est ce que je vous souhaite de tout mon cœur.»

La journaliste Huguette Proulx écrit dans *Radiomonde*: « Malgré notre fierté et notre joie d'apprendre le triomphe de notre compatriote en France, il faudrait trouver un moyen de faire savoir aux Français que nous voulons bien leur prêter notre Félix Leclerc, mais que nous l'apprécions trop, ici, pour le leur céder en permanence. »

De Paris, Félix apprend que son premier livre de chansons, publié par les Éditions Raoul Breton, connaît un immense succès... Rosaire Archambault raconte ce qui s'est passé quand Leclerc fut invité une deuxième fois, dans son magasin, pour signer des autographes, en 1953: « Jamais pareille chose ne s'était produite depuis la venue de Tino Rossi en 1947. Quatre rues noires de monde! Il dut entrer par le soupirail avec des fils d'araignées plein la figure. »

Après un séjour de près de trois ans en Europe, Félix reprend sa vie de paysan à Vaudreuil, mais pour combien de temps? On le sollicite pour paraître à la chaîne de télévision de Radio-Canada qui en est à ses débuts. À la demande de son ami Jean-Yves Bigras, réalisateur du film *La Petite Aurore, l'enfant martyre*, il accepte de chanter au Café des Artistes. Denis Drouin anime l'émission et joue un sketch de Félix, *Le passant charitable*, avec Juliette Huot et Julien Lippé. On voit aussi Félix à *Carrousel TV*, en compagnie de Guy Mauffette, de la chanteuse Claudette Jarry et des Collégiens Troubadours qui interprètent *Mac Pherson*.

Félix qui vient de connaître un énorme succès à l'étranger et dont l'agenda déborde d'engagements pour les années à venir, a toujours le même contact chaleureux avec ses amis. Il leur raconte en détail, comme un novice, comment s'est déroulé le tournage du film, *La route du bonheur*, dans lequel il chante aux côtés de Georges Guétary, Line Renaud, Luis Mariano, Juliette Gréco et Georges Ulmer, créateur de *Pigalle* et de *Un monsieur attendait*.

L'année 1953 se termine en beauté à l'Anse de Vaudreuil. Alors que tout le monde s'apprête à célébrer les fêtes en famille, la veille de Noël, une violente tempête fait rage et Rosaire Vinet, le voisin fidèle, attelle ses chevaux à la grande carriole pour aller à l'église paroissiale où Félix monte seul au jubé où l'attend sa place secrète, tout près du gros orgue Louis Mitchell, installé en 1871.

Sur le chemin du retour, après le chant du traditionnel *Minuit chrétiens* à la messe de minuit, la poudrerie forme un immense nuage de neige qui danse et tourbillonne au rythme d'un vent glacial. Il faut bien se couvrir le visage d'une écharpe ou d'un foulard de laine. Une vraie nuit de Noël, comme nos aïeux les aimaient, remarque Félix.

Ce fut ensuite le réveillon avec les familles Mauffette, Vien et Deyglun chez Félix, à l'Anse de Vaudreuil enfouie sous un étincelant manteau de neige. Arrivés à la maison, un généreux verre de caribou (vin rouge additionné d'alcool) les attend pour se réchauffer ; cela ne se refuse pas. Les enfants, eux, ingurgitent des bonbons et des chocolats, de l'orangeade et du Coca-Cola.

Au menu, il y a, comme dans le bon vieux temps, de la tourtière et des betteraves marinées, des cretons et du pain croûté, du ragoût de pattes, de la dinde et des atocas, des beignes saupoudrés de sucre en poudre et une bûche de Noël joliment décorée. Tout ce festin, bien entendu, est arrosé d'un bon Saint-Émilion ou d'un grand cru du Médoc, et agrémenté de blagues et de chansons.

Comme à l'accoutumée, les « chérubins » garderont les yeux bien ouverts pour déballer leurs cadeaux attendus depuis un sacré moment.

C'est donc vrai que Félix préfère la vie paysanne qu'il mène auprès des siens, loin des fourmilières métropolitaines. « Combien de soirs, en me glissant au cou la jolie guitare, j'avais l'impression de m'accrocher un sac de pierres. Ça m'a pris bien du temps à me faire à l'attelage qui, les premières années, me faisait des plaies à l'épaule. » Combien de temps, Félix restera-t-il muet à l'appel de Jacques Canetti qui veut le ramener rapidement sous le feu des projecteurs ?

CHAPITRE VIII

JEAN GIONO SIGNE
LA PRÉFACE DE *MOI, MES SOULIERS*

En 1954, l'hiver s'est installé très tôt au Québec, amenant avec lui un froid sibérien. Félix revoit les scènes de son enfance quand il habitait La Tuque. La neige forme des bancs énormes, bloquant le chemin étroit de l'Anse de Vaudreuil qui longe les berges du lac des Deux-Montagnes. Avant que charrues et souffleuses ne procèdent au déblayage, Félix a le temps de sortir son traîneau dix fois et d'atteler ses chiens qui sont contents de pouvoir courir avec leur maître.

Félix n'a pas perdu les habitudes de son adolescence. Debout derrière son traîneau, il commande ses chiens, la casquette enfoncée jusqu'aux oreilles, le foulard rouge claquant au vent, emmitouflé dans son parka, les mains protégées par des mitaines doublées en laine de mouton. Avec ses bottes de trappeur, il ressemble comme deux gouttes d'eau aux premiers colons venus de France.

Le poète trouve que l'hiver est une saison bénie de Dieu. Il en profite pour rester au chaud, se chauffer devant le foyer et écrire d'autres paroles et musiques, *Le petit ours, Chanson du pharmacien, L'agité* et *Comme Abraham*, des chansons moins connues que ses grands classiques. Pendant quelques jours, personne ne vient cogner à la porte du compositeur pour l'importuner et lui offrir des bagatelles. Doudouche se sent prisonnière de cette situation et voudrait bien placoter avec ses voisines, mais elle doit laisser son mari travailler en toute quiétude.

Livres et dictionnaires jonchent le bureau de Félix. Sa pièce de travail à l'étage est tapissée d'affiches de ses spectacles et de cartes avec les parcours de sa récente odyssée en Europe. Son épouse prend plaisir à rassembler les coupures de presse, photos et reportages parus dans les quotidiens, mais aussi dans les hebdomadaires comme *Paris Match, France Dimanche, Ici Paris,* etc.

Martin grandit en santé et en beauté ; il va avoir 10 ans et ses notes scolaires sont excellentes.

Quand Félix n'est pas dans la maison, il fend du bois et s'emplit les poumons d'air vivifiant. De peine et de misère, le bricoleur fabrique dans le hangar une bibliothèque rudimentaire et répare des barreaux de chaises. Un gros ours polaire inuit orne le grand salon bien éclairé par une large fenêtre donnant sur le lac. Cinq lettres taillées se détachent d'un abat-jour artisanal en bois :

F-É-L-I-X.

Quand la lumière du jour se prolonge, le soleil fait fondre la neige et la glace s'amincit peu à peu. Félix a hâte de voir les oiseaux revenir des pays chauds pour annoncer l'arrivée du printemps. Il reprendra le dialogue aussi bien avec les champs et les forêts qu'avec ses voisins fermiers. Son ami Rosaire Vinet l'accompagnera à la coopérative de Dorion pour acheter des agrès de pêche et de la mangeaille pour sa basse-cour.

Quelques mois après le retour des Leclerc à Vaudreuil, Henri Deyglun, qui a donné à Félix plusieurs rôles dans ses romans-feuilletons, s'installe tout près de chez son ami avec sa conjointe, la comédienne Janine Sutto. Chaque fin de semaine, c'est un va-et-vient habituel. Les familles se réunissent pour la grande bouffe. Janine, cuisinière hors pair, est une hôtesse raffinée et exemplaire.

De son coté, Henri achète les bons vins et fromages, cultive l'amitié et entretient des relations chaleureuses avec les sommités du monde littéraire et des arts. Un dimanche, on compte Henri Guillemin et Michel Legrand parmi les invités. Une autre semaine, c'est au tour de Charles Trenet, Louis Seigner et Pierre Bertin, de la Comédie-française, de venir festoyer chez les Deyglun. On échange des propos amusants, un tantinet égrillards, mais c'est toujours Félix, le bavard, qui a le dernier mot. Le bon vin ne les endort pas ; au contraire, il émoustille les joyeux convives.

Toujours généreux de son temps pour rendre service, Félix est prêt à écouter et à aider un ami, voire un inconnu. Sylvain Garneau a pris l'habitude, lorsqu'il vient chez son frère Pierre à Vaudreuil, de s'arrêter chez Félix quand celui-ci n'est pas en France. Garneau a mal à l'âme et vient chercher refuge auprès de son aîné. Cela n'empêchera pas le jeune poète de mourir d'une blessure mortelle à la tête causée par une balle de son fusil de chasse. Félix en demeurera très affecté.

Comme il le fait depuis toujours, Félix chante où ça lui plaît, sans attacher d'importance au cachet, à la grandeur ou au luxe de la salle de spectacles ; son succès n'y a rien changé. Il lui est arrivé, par exemple, en 1950, de refuser de se produire dans un amphithéâtre sportif, à l'Exposition annuelle de Valleyfield, renonçant à trois mille dollars pour trois courtes représentations. Le lendemain, il acceptait de chanter, pour une bouchée de pain, dans une petite école de campagne à Saint-Polycarpe.

Il en est ainsi lorsqu'on propose à Félix d'alléchants contrats de publicité. Parfois on lui offre la lune pour l'entendre dire ou chanter deux phrases en faveur d'une marque de savon, d'automobile ou de caméra. Peu importe le montant, ce n'est pas dans son tempérament de prêter son concours à des publicités.

Une seule fois, et la chose demeure encore à ce jour incompréhensible, Félix a consenti que sa photo paraisse dans de grands magazines comme *Jours de France*, avec la mention: Bravo aux parfums Caron! Doudouche elle-même n'en est pas encore revenue. Cependant, elle se rappelle fort bien avoir eu le privilège de jouir gratuitement de toute la gamme de produits de cette compagnie.

Maurice Chevalier a fortement recommandé à Leclerc de se tenir loin de ceux qui lui proposeraient de faire de la réclame commerciale. Désireux de soigner son image, malgré son sens de l'épargne, tout comme Félix, Chevalier a refusé des offres mirobolantes. Une seule fois, il a fait exception dans toute sa carrière pour son apéritif favori: du beau, du bon, Dubonnet. Félix, lui, a toujours préféré la bière que son arrière-grand-père buvait…

Chaque fois que Félix est sollicité pour participer à des activités sociales, il a toujours une bonne raison de refuser les aimables invitations. Si c'est pour une entrevue à la télévision, il dit qu'il est plus beau à la radio, et si c'est pour la radio, il prétend que les gens aiment mieux voir les artistes à la télévision. Il accepte, toutefois, de présider ou de chanter aux galas annuels de l'hebdomadaire de sa région *La Presqu'île*.

Il ne peut ignorer toutes les marques d'amour et d'admiration qu'on lui porte et auxquelles il ne s'habitue pas. Voyons ce qu'il raconte à l'un de ses spectacles venant en aide à une œuvre de bienfaisance recommandée par le réalisateur Lucien Thériault, beau-frère de Guy Mauffette.

« Je suis, dit-il, aussi touché que l'enfant prodigue a dû l'être devant l'accueil que son père lui a fait. Je ne sais quel fut le discours qu'il a tenu à ses parents, cet individu revenu du bout du monde, sûrement un discours de joie, d'être rentré sain et sauf, d'orgueil, d'appartenir à un peuple fier et considéré, mais surtout résolu à apprécier la vie de ses ancêtres, à la chanter et à la bénir. Je voudrais qu'il vous soit donné d'aller au loin, pour le plaisir de rentrer au port de Québec, après sept jours de navigation sur notre fleuve Saint-Laurent. L'impression en est une de prospérité, d'étendue, de paix et d'avenir… »

Au cours des mois suivants, Félix cède les droits de sa pièce *Maluron* à la troupe des Comédiens gavroches, formée d'étudiants et de jeunes acteurs qui la joueront à Rigaud, aux Cèdres, à Cartierville, ainsi qu'au théâtre de l'oratoire Saint-Joseph, dirigé par le père Émile Legault. Les deux principaux rôles sont tenus par Andrée Saint-Laurent et Robert Séguin, lesquels ont le privilège de côtoyer Félix, de lui arracher bien des secrets, sans que ce dernier ne s'en formalise, car il adore s'ériger en conseiller, surtout auprès de cette jeunesse impatiente de brûler les étapes. Un petit conseil, dit Félix : « Prenez tout votre temps. Répétez et répétez. Prenez par exemple les Compagnons de la chanson, ils répètent une mélodie six mois avant de la chanter en public. »

Félix s'émerveille du feu sacré qui consume ces jeunes débutants. « Ils découvriront comme nous, les aînés, que les bonnes intentions ne suffisent pas. Changer le monde est une chose impossible. Je leur disais que se changer soi-même était l'unique façon de changer les autres. »

En 1955, le grand écrivain Jean Giono accepte de signer la préface de *Moi, mes souliers*, publié à Paris chez Amiot-Dumont. Lorsque Félix tient l'ouvrage en main, encore tout chaud, sa toute première pensée est pour son père Léonidas, et sa prmière dédicace pour sa femme, Doudouche : « C'est toi qui devrais signer avec moi. Je te remercie à cause de ton effacement, de ta modestie et de ta compréhension. Une présence tapageuse aurait tué la lampe. Toi, tu la gardes propre et allumée. »

Jean Giono a rendu un vibrant hommage à Félix Leclerc : « Dès les premières lignes, je me suis dit : il ne cherche pas à me faire croire qu'il est un monstre sacré. Il se montre tel qu'il est. Il ne se complique pas la vie et il ne va pas compliquer la mienne. Il a le sens aigu de certaines choses et il s'en sert pour s'exprimer... Et il raconte son histoire sans forcer son talent, sans vouloir se faire prendre pour ce qu'il n'est pas, ce qui est le vrai moyen d'écrire un bon livre. »

À propos de cette préface de Jean Giono, Leclerc ne peut s'empêcher de noter, avec une légère amertume, dans *Rêves à vendre*, publié en 1984 : « Si le voisin te trouve poli, tes frères et sœurs te regarderont. Quand Jean Giono a préfacé un de mes livres en 1955, toutes les plumes sèches d'ici se sont saoulées d'encre. »

Leclerc et Giono ont des affinités avec tout ce qui est beau et noble, deux véritables forces de la nature, cette nature qui n'a plus de secrets pour eux. L'amitié, la passion, le terroir restent toujours d'une extraordinaire puissance dans leurs œuvres.

Tout comme Félix Leclerc, Jean Giono a souvent écrit sur ses parents : « J'ai hérité de ma mère ses yeux bleus, ses cheveux presque blonds qui viennent de la Picardie, et cette sensibilité angoissée… Avec mon père, ajoute Giono, nous avons passé de longues heures à nous réjouir silencieusement du spectacle des hirondelles. Nous montions à la colline, puis, assis sous les oliviers, nous avions le souffle de la vallée ouvert devant nous, et parfois les oiseaux venaient nous frôler… »

Félix cultivait naturellement l'amitié comme d'autres les fleurs ou les pommes de terre. Il créait des liens intenses avec ses amis. Quoi de plus naturel, par la suite, que le comique d'Auvergne, Fernand Raynaud, lui demande d'être son témoin lorsqu'il épouse la chanteuse Renée Caron le 22 janvier 1955 à la mairie de Belleville.

Après la cérémonie nuptiale, tous les invités se rendent aux Trois Baudets, transformé pour l'occasion en guinguette, où Félix y va de son petit discours traditionnel. Quand on sait que l'assistance comprenait Darry Cowl, Raymond Devos, Jean-Marc Thibault, Roger Pierre, Jacques Canetti, Jean Nohain…, on imagine très bien l'ambiance ! Hélas, le 28 septembre 1973, à 48 ans, Fernand Raynaud trouve la mort dans un accident d'automobile.

Au printemps 1955, avant la débâcle des glaces, Félix apprend que sa comédie *Le p'tit bonheur* sera jouée en Suisse, d'abord à Lausanne puis dans les régions avoisinantes, par la Compagnie des Faux Nez, dans une mise en scène de Charles Apotheloze, directeur du théâtre de Lausanne.

Pendant cette tournée, Martin est pensionnaire. C'est la vraie vie de bohème se rappelle Doudouche : toute la troupe vit dans une grande maison communautaire. Cette année-là, on présente à la RTF (Radiodiffusion-télévision française) six émissions consacrées à Félix Leclerc, préparées par le service international de Radio-Canada.

Ce séjour hors du Québec et de la France permet aux Leclerc de découvrir les Alpes suisses et les différents cantons de ce pays où l'on parle français, allemand, italien et encore, ici et là, romanche. Félix veut tout savoir et comprendre rapidement la légende de Guillaume Tell et l'histoire des habitants partagés entre plusieurs cultures.

« La particularité de la Suisse, dit Félix, c'est de réunir en une confédération les peuples distincts de 22 cantons souverains, loin d'un état centralisé… Montres, horloges *et cætera*, les Suisses, pas d'erreur là-dessus, sont les maîtres de la ponctualité et de la précision. Ils ont du ressort. Il faut être à l'heure pour tout, rendez-vous d'affaires et sorties amoureuses. Bien avant que les Français chantent la *Marseillaise*, le peuple suisse avait son hymne national dès 1609. »

La Suisse reste pour Félix un pays riche et stimulant, dominé par les hautes montagnes où se succèdent la roche, la glace, les neiges éternelles et les chalets de bois que le soleil a brunis. Avec Doudouche, il s'informe des revendications du peuple jurassien qui, entre le Rhin et le Rhône, rêve d'indépendance et de liberté. Le couple visite les principales villes de cette contrée industrielle et touristique : Zurich, Bâle, Genève, Berne…

Les Leclerc séjournent un certain temps à Vevey, petite ville suisse où habite Charlie Chaplin depuis qu'il a dû fuir les États-Unis, en pleine crise de maccarthysme, avec sa femme et ses sept enfants. Félix adore l'homme au chapeau melon et à la petite moustache. Il a vu tous ses films : *Le Dictateur, L'émigrant, Un roi à New York*... Félix et Andrée ont l'occasion, à plusieurs reprises, de parler à Charlie Chaplin et à son épouse Dona O'Neill, la fille de l'auteur dramatique américain Eugène O'Neill.

Toujours en Suisse, Félix est vraiment dérouté par le public de Gstaad, une station d'été et de sports d'hiver dans le canton de Berne. Tout au long du spectacle, les gens « applaudissent avec leurs paupières » ; c'est seulement à la fin que l'assistance manifeste son enthousiasme et s'exténue à crier encore et encore... Devant le silence glacial qui régnait dans la salle, Félix avait hésité à poursuivre son récital. Quelle ne fut pas sa surprise de recevoir les confidences d'une spectatrice enflammée : « Vous avez dû entendre mon cœur vous applaudir secrètement. »

Vers la fin de l'été 1955, les Leclerc, en quittant la Suisse, prennent le temps de s'arrêter à Paris avant de retourner vivre à Vaudreuil. Les cinéastes Michel Brault (*Les Ordres, René Lévesque, un vrai chef*), et Claude Jutra (*Mon oncle Antoine, Kamouraska*) les attendent à l'aéroport.

« Nous mangions souvent en compagnie de ces réalisateurs et aussi de François Truffault, précise Doudouche. Un soir, après un spectacle de Félix, ce dernier nous avait invités chez lui, pour visionner en primeur son film *Les quatre cents coups*, avant qu'il ne sorte sur les écrans. »

L'année 1956 est chargée de beaux projets et de réalisations pour Félix qui écrit plusieurs sketches pour l'émission télévisée *Eaux vives*, animée par le père Émile Legault. L'auteur achève d'écrire *Sonnez les matines*, une comédie en sept tableaux que créera la troupe du Rideau Vert au Monument national dont il signera la mise en scène. Les thèmes choisis par le poète et la conception de ses récits témoignent de son orientation et de son héritage chrétien. La foi est si profonde et si ancrée chez Félix qu'elle transcende toute son œuvre.

L'histoire de *Sonnez les matines* met en scène un brave curé de campagne (Guy Beaulne) qui courtise les bons livres, croit tout connaître, y compris la vie de famille, mais se trouve désemparé lorsque cinq enfants envahissent son presbytère pour en troubler la paix. Juliette Huot, Juliette Béliveau, Jean-Pierre Masson, Edgar Fruitier, Julien Lippé et François Lavigne soutiennent avec brio ce texte rempli de finesse et de sagesse.

À la même période, Radio-Canada présente la télésérie *Nérée Tousignant.* Il s'agit d'une toute nouvelle expérience pour Félix qui, même s'il préfère écrire pour le théâtre, ne regrette rien de cette aventure ; elle lui fait découvrir le monde des techniciens, réalisateurs, costumiers, cameramen.

« L'histoire de Nérée Tousignant, écrit Félix, est un peu biographique. Un poète fait ses adieux aux gens de son village pour venir s'établir à Montréal. Nérée (interprété par Guy Godin), c'est le prénom de mon grand-père Leclerc et puis Tousignant, il y en avait un (Nibé) du côté de ma mère. C'est d'eux que je tiens mon respect et mon amour des instruments de travail. Je pourrais passer des heures à la devanture d'une quincaillerie. Un simple clou me fascine… »

Dans les coulisses de la télésérie, où il s'est rendu les cheveux en bataille, l'œil pétillant d'intelligence, Félix parle d'abondance avec les gestes d'un conteur-né. Les comédiens l'écoutent avec ferveur. Le voilà de nouveau sur le point de faire son petit discours, c'est plus fort que lui.

« Sur le plan international, dit Félix, nous avons des médecins, des savants, des agriculteurs, des financiers. Tout cela est excellent, mais il est grand temps qu'on se penche davantage sur le sort des artistes laissés pour compte. Par eux, nous connaissons l'Europe avant de l'avoir visitée. La France, cette vieille reine immensément cultivée, sait que les guerres, les monnaies, les gouvernements, même les vainqueurs tombent, mais que les artistes restent par leurs œuvres. Elle se meurt de connaître les Canadiens tels qu'ils sont. »

En mars 1956, Félix achète la maison et les bâtiments de la ferme d'Émilien Denis, situés près de la propriété où il habite depuis dix ans. Pour cet emplacement de six arpents de terre, il verse 26 500 $, dont 15 000 $ comptant et règle la différence en 14 paiements égaux grâce aux cachets de la télésérie *Nérée Tousignant*, que Radio-Canada dépose directement dans le compte conjoint de Félix et Andrée Leclerc.

Changement de lieu, changement de décor. La vieille grange est baptisée « L'Auberge des morts subites ». Elle abrite une chèvre, Niquette, un cheval, des canards et des poules chinoises de luxe. Le poète voue un culte particulier à tous ses animaux. Il s'amuse à dresser l'un de ses chiens, Ti-Pouce, à aller chercher les œufs dans le poulailler et à les rapporter, un par un, sans les briser.

Dans le salon de la nouvelle maison blanche aux volets bleus sont accrochées une jolie madone sculptée, du renommé Médard Bourgault de Saint-Jean-Port-Joli, et des toiles de René Derouin et Léo Ayotte. « Il faut dire que lorsque le pittoresque Léo, né à Sainte-Flore près de La Tuque, venait à la maison, raconte Doudouche, c'était toujours la fête, un vrai *pow-wow*. Un matin, il s'est amené en même temps que le pianiste André Mathieu et le journaliste Rudel Tessier. Ça s'est terminé le lendemain soir ! »

L'Office national du film du Canada suit de près l'évolution de la carrière de Félix Leclerc. On vient tout juste de tourner un film muet intitulé *Cadet Rousselle*. Le peintre, Jean-Philippe Dallaire, qui travaille à l'ONF, illustre la chanson de nombreuses gouaches. Un bijou culturel destiné aux élèves et aux enseignants qui doivent chanter la ballade en déroulant le film manuellement. Par la suite, on ajoute à la production un 78 tours et une vidéocassette où l'on voit Félix chanter en s'accompagnant à la guitare. Comme le dit la chanson : Cadet Rousselle ne mourra pas. Cet air folklorique, créé à Paris en 1793, appartient maintenant à notre patrimoine national.

En 1957, l'ONF tourne *La drave*, un excellent documentaire dans lequel Félix chante et raconte l'aventure fantastique des draveurs de l'Outaouais prêts à risquer leur vie pour faire sauter une embâcle. L'année suivante, on tourne *Les Brûlés*, inspiré du roman de Hervé Biron. Dans ce film centré sur les colons, leur travail, leur courage, Leclerc joue le rôle d'un cuisinier, en compagnie de Jacques Bilodeau et d'Henri Poulin. On évoque la crise économique des années 1930 qui a affligé l'Amérique du Nord. Cette année-là, Janine Sutto donne naissance à des jumelles, Mireille et Catherine, qui auront pour parrain et marraine Félix et Andrée Leclerc.

En 1957, l'imprésario Jacques Canetti veut connaître le havre de paix que Félix lui a si souvent vanté. Crevé, fourbu, vidé par son travail exténuant à Paris et au bord de la dépression, il s'amène à Vaudreuil pour se reposer et s'initier, en douceur, aux travaux de la terre. Canetti, qui n'a jamais manié une bêche de sa vie, suit l'exemple de Félix. Il enfile une salopette pour redresser les plants de tomates, arracher les mauvaises herbes, arroser les fleurs et réparer la clôture et les clapiers. Le visage brûlé par le soleil, éreinté et content, Canetti vient de prouver à son poulain qu'il se donne à fond dans toutes les tâches qu'on lui confie.

Entre deux corvées, Canetti s'attarde au travail de Leclerc et découvre d'autres mélodies inconnues comme *La drave, Chanson des colons, L'Héritage, Tirelou...* Les deux compères foncent en Volkswagen vers Montréal pour enregistrer ce nouveau matériel. L'imprésario trouve la bande sonore si belle qu'il l'expédie sur-le-champ à son bureau de Paris. Sage décision puisque ce microsillon remporte un autre Grand Prix du disque en 1958. Lorsque Doudouche va chercher le télégramme lui annonçant la bonne nouvelle, Félix le lit, le met dans sa poche et continue de sarcler son jardin en compagnie du célèbre compositeur Michel Legrand. Lui aussi a ressenti le besoin de se ressourcer chez Félix.

Chaque fois que le chanteur range sa guitare et ses valises, il perd momentanément le goût de reprendre la mer ou les airs pour traverser l'Atlantique. Il rêve à monter des récitals et des pièces de théâtre dans sa grange. Un grand rêve perpétuel en ébauche : « On l'appellera les Champs Enlisés, théâtre des Deux-Montagnes. Pas question d'une grosse machine pour épater. Les comédiens auront leurs loges à la place des vaches. Quoi de plus sympathique ! La scène serait située à la place de la tasserie et puis, dans la petite pièce, les aînés du village pourraient jaser en fumant la pipe. Je pourrais même monter des expositions d'artisanat et de peinture pour toute la famille. »

Oui, Félix rêve de ce théâtre de village ! En 1958, au moment où paraît *Le fou de l'île*, il souhaite ardemment que sa grange, L'Auberge des morts subites, devienne le rendez-vous des artistes, des associations culturelles et des amis de passage à Vaudreuil. Charles Trenet et Guy Béart ont promis d'y venir chanter gratuitement. Mais le songe de Félix ne se concrétisera pas pour la bonne raison qu'il doit reprendre, pour un temps indéfini, la route glorieuse, avec sa guitare, ses valises, ses souvenirs et ses nouvelles chansons qui se bousculent dans son imaginaire fantastique.

Si Félix Leclerc avait signé une entente pour enregistrer ses premiers disques, en 1950, avec Rosaire Archambault, ce dernier pense qu'il aurait eu un beau succès au Québec, mais n'aurait pu connaître la consécration qu'il a eue à l'étranger.

En 1958, la maison Ed. Archambault signe un contrat avec Félix pour publier 12 chansons sur papier à musique et un album enregistré sous l'étiquette Polydor et diffusé par les Éditions musicales Tutti. Quant au premier livre de chansons de Félix, il a été publié, en 1951, par les Éditions Raoul Breton.

Pour transcrire la musique des chansons du deuxième livre consacré à Félix, Archambault fait appel au réputé professeur de piano et docteur en musique Eugène Lapierre, qui touche aussi l'orgue chez les Rédemptoristes. Celui-ci réalise un vrai travail de bénédictin avec *La drave*, *Les perdrix*, *Le Québécois*, *Ce matin-là* et les autres.

Pour cet album, la critique est unanime. Gilles Marsolais écrit: «Dans ses chansons, nous retrouvons l'écrivain-conteur de ses livres, mais encore plus attrayant, plus près de nous… Félix sait mouler ses mélodies dans une formule qui lui est tout à fait personnelle et qui le place bien en vue à côté des authentiques de la trempe des Trenet, Brassens, Mouloudji, Montand. Sa musique est plus variée, plus souple, plus enlevée, car Félix est de plus en plus un maître de la guitare et son jeu est unique.»

CHAPITRE IX

FÉLIX ENTREPREND UNE VIE NOUVELLE AU GRAND JOUR

Pour des exigences reliées à son métier, Félix Leclerc boucle ses valises non sans nostalgie, et reprend la route des chansons nouvellement tracée par son imprésario Jacques Canetti. Le 12 janvier 1959, en compagnie de sa femme et de son fils, il est à New York et attend le signal pour embarquer sur le luxueux paquebot qui l'amènera au Havre, ville qui fut à moitié détruite et dont le port fut complètement anéanti pendant la Deuxième Guerre mondiale.

En mai 1959, la troupe du Rideau Vert reprend la pièce de Félix, *Sonnez les matines*, dans une mise en scène d'Yvette Brind'Amour. On joue à guichets fermés au Gesù, à Montréal et au Capitole, à Québec. Certains critiques accusent Leclerc d'être trop moraliste et de faire fi des règles fondamentales de l'écriture. L'auteur, à fleur de peau, accepte difficilement que des compatriotes dénigrent son théâtre alors qu'on l'adule en dehors du Québec. Il se met en rogne pour quelques vilains paragraphes sans importance. On lui suggère fortement d'ignorer ses dénigreurs et de les envoyer paître.

Doudouche s'efforce, sans toujours y réussir, d'atténuer les tourments de son grand homme, mais elle connaît ses réactions et son petit coté soupe au lait. Félix peut se lever un bon matin en voulant tout envoyer en l'air. Il se défend bien d'être têtu pour ne pas dire buté à certaines occasions, surtout lorsque son amour-propre est blessé. En proie à de courtes dépressions, il va s'exclamer : « Ça suffit, on part en voyage. On retourne en France ou en Suisse. Là-bas, on m'aime… », oubliant, dans sa déconvenue, qu'on le cajole au Québec partout où il passe.

Quelques jours après son arrivée en sol français, on propose à Félix plusieurs engagements et des entrevues dans les médias. Malgré un agenda chargé en Europe, durant tout l'hiver et le printemps 1959, il trouve le temps de jouer au touriste avec Doudouche et Martin, dans des régions de France où il se sent chez lui.

Au cours d'une longue marche dans Paris, Félix va se recueillir sur la tombe du fabuliste Jean de la Fontaine, un de ses auteurs préférés, au Cimetière du Père Lachaise. C'est là que son admiration lui fait commettre un petit larcin qu'il avouera plus tard : « Je vais vous faire une confession, dit-il. Que me pardonne la ville de Paris, la lettre E qui manque au nom de Jean de la Fontaine, le E de la fin, c'est moi qui l'ai. Je l'ai arrachée… Elle est ici sur mon mur, dans mon grenier au Canada… et j'en prends bien soin. »

À Paris, il lui faut d'abord entrer en studio pour enregistrer 17 nouvelles chansons : *L'eau de l'hiver, Tu te lèveras tôt, Ton visage* (paroles de Jean-Pierre Ferland)… Depuis ses modestes débuts, Félix a eu l'occasion de se familiariser avec les grands studios à la fine pointe de la technologie, et cela ne l'impressionne plus du tout.

Les Leclerc cherchent un coin pittoresque, surtout dans le Finistère en Bretagne. Durant leur séjour à la Baie des Trépassés, située entre la pointe du Raz et celle de Van, ils apprennent que des ancêtres bretons étaient venus en terre d'Amérique pour pêcher la morue, bien avant Jacques Cartier en 1534. Il est facile de comprendre la joie de Félix, confronté à un si riche passé, lui qui chante le retour aux sources. Nulle part au monde, on ne peut trouver autant de dolmens géants, menhirs ou monuments mégalithiques qu'en Bretagne.

Le propriétaire de la petite auberge où résident les Leclerc possède plusieurs animaux, dont cinq brebis et un bélier que Félix mène chaque jour au pâturage. Le nouveau berger trouve bien étrange le fait qu'il y ait peu de clôtures dans les campagnes, surtout en Bretagne où l'on chausse encore les sabots.

« Oui ! De vrais sabots ! » s'exclame Félix. Le dimanche, par coquetterie ou habitude, les aînées sortent leurs coiffes de dentelle et robes longues de velours noir. Avec leur figure basanée par le vent salin, on peut difficilement leur donner un âge. Ainsi endimanchées, certaines vont à bicyclette acheter leurs croissants et baguettes du matin et le bon vin quotidien. On s'arrête pour saluer le sabotier qui exerce encore ce métier artisanal. « Les Bretons ne sont sûrement pas prisonniers de leurs gros sabots », plaisante Félix.

Malgré son succès en Europe et ses pérégrinations dans toute la France, Félix reste attaché à son pays du Québec et à son village adoptif. À l'occasion d'un autre retour le 26 juin 1959, il passe en vedette au gala du journal *La Presqu'île*. Voyons ce que cet hebdomadaire rapporte en première page :

« Tel que vous me voyez, leur disais-je en riant, sans plumes sur la tête et sans tomahawk à la ceinture, nous sommes plus de cinq millions de descendance française… Ils fumaient leurs gauloises en rêvant à *Ma cabane au Canada*, si souvent chantée par Line Renaud, et en m'examinant comme un produit nouveau, jamais vu sur le marché. Je me sentais chez nous avec eux. Réflexes, humour, cœur, culture, folklore, langue, religion, on s'entendait bien. J'ai chanté chez les Arabes, les Belges, les Suisses, les Allemands, les Italiens… Il y a de beaux pays de par le monde, mais le plus beau c'est le sien, et il s'adonne que le mien, c'est Vaudreuil. Et dans l'éloignement, je l'ai aimé davantage… »

En septembre 1959, Félix accepte l'invitation de son ami Jacques Normand de chanter à la salle des Trois Castors, au Café Saint-Jacques, à Montréal, devant des salles combles et un public enchanté de le revoir. Bien des jolies femmes font la cour à Félix. Parmi celles-ci, il y a Monique Miville-Deschênes qui lui voue une admiration sans bornes. Elle tire si bien son épingle du jeu que le chanteur fait appel à elle pour certains de ses enregistrements ou encore pour des tournées au Québec et en Europe. On peut l'entendre chanter en duo avec Félix dans certaines chansons comme *Demain si la mer, Présence, Le roi chasseur, Je cherche un abri, Sur la corde à linge... Dansent la ch'mise à Jean-Pierre su'à corde/Le chandail à dilon lon lon/La culotte à Monique aussi.*

Monique Miville-Deschênes, groupie de la première heure, est-elle amoureuse de Félix? Elle l'avoue candidement et sans retenue: « J'étais encore couventine quand je suis tombée amoureuse de Félix Leclerc. À cette époque, lorsque je savais qu'il devait donner une entrevue ou qu'une émission radiophonique lui était consacrée, je demandais aux religieuses d'arrêter les cours pour que les élèves puissent l'écouter. Si on ne cédait pas à ma demande, je quittais la classe et j'allais ailleurs pour me gaver de sa voix. Félix a toujours été mon idole, ma raison de vivre, un maître. Ses chansons me nourrissaient. À 18 ans, j'étais certaine que je ferais du show-biz avec lui... »

Au début des années 1960, Félix Leclerc continue d'écrire sans relâche à Vaudreuil. D'autres superbes mélodies voient le jour: *Je cherche un abri* (en duo avec Lucienne Vernay), *La vie, l'amour, la mort* (en collaboration avec Yolande B. Leclerc), *Chanson en russe...* Le poète à temps plein publie *Le calepin d'un flâneur* chez Fides. Pêle-mêle, on y retrouve ses pensées les plus révélatrices: « Des poches pour les pauvres, parce que les pauvres voyagent chargés... La nature s'arrête de travailler. Pourquoi pas moi? Il se cite souvent, mais aimerait bien que ce soit les autres de temps en temps... Un pays c'est comme une femme, il ne faut pas toujours être collé dessus… »

On dit souvent que la vie ne tient qu'à un fil… Le 10 août 1962, Félix et son père, Léonidas, frôlent la mort de près. Les journaux publient en manchettes: «FÉLIX LECLERC VICTIME DE LA ROUTE.»

L'accident est survenu sur la route 9, à l'intersection de la 17. Il s'agit d'une triple collision. Félix et Léo sont transportés en ambulance à l'hôpital de Drummondville.

Martin, âgé de 17 ans, occupait avec son chien la banquette arrière. Il s'en est tiré avec un œil au beurre noir. C'est lui qui a aidé son père à reprendre connaissance après qu'il eut été projeté tête première sur l'asphalte. Martin réussit également à libérer son grand-père, immobilisé et ensanglanté au fond de la Volkswagen, complètement démolie. Une perte totale. Fort heureusement, les passagers sont vite revenus de leurs émotions. Une raison de plus pour que Félix souligne encore la force physique de son père dans ses conversations et ses écrits.

En 1961, alors que Félix Leclerc est invité à signer le livre d'or de sa ville natale, au cours du cinquantième anniversaire de La Tuque, le maire Lucien Filion, un ancien camarade de classe, lui cite cette phrase du journaliste et romancier anglais Graham Greene, qui résume fort justement les premières années de Félix: «Il y a toujours dans notre enfance un moment où la porte s'ouvre et laisse entrer l'avenir.»

Félix écrira que c'est à La Tuque, encore plus à Sainte-Marthe, qu'il a décidé d'être un artisan comme ceux du temps des cathédrales et qu'il chanterait ses histoires de lièvres à lui. Ses héros ne proviendraient pas des campus, mais plutôt des savanes, près des sources froides que l'on voit quand on s'assoit sur une souche.

Félix aime ce travail fait à la main, ce polissage qu'il a connu en construisant *Notre sentier*: «J'étais seul à ma station de radio, à Québec, et j'ai commencé sérieusement, enfin… sérieusement… Je voulais terminer une chanson pour voir ce que ça donnerait, j'essayais de m'exprimer. Je me disais: "Ça ne coûte pas cher. Un bout de papier, un crayon et ma vieille guitare achetée à tempérament." Et puis, j'ai commencé. *Notre sentier* est né de là.»

Ensemencé à Sainte-Marthe, c'est à Québec que ce beau texte connaîtra son épanouissement: *Notre sentier près du ruisseau/Est déchiré par les labours/Si tu venais, fixe le jour/Je t'attendrai sous le bouleau...*

Quand Jean-Pierre Ferland remporte le premier prix du Gala international de la chanson à Bruxelles, en 1962, Félix s'empresse de lui envoyer une lettre de félicitations. Jean-Pierre avait écrit les paroles de la mélodie gagnante *Feuille de gui*, et la musique avait été composée par Pierre Brabant qui fut l'un des premiers pianistes à travailler avec Leclerc.

Au début de 1963, Félix est toujours au chaud dans son patelin de Vaudreuil. Il met un point final à l'écriture de L'*Auberge des morts subites*. La pièce est montée au théâtre Gesù, à Montréal, le 24 janvier 1963. Forts d'un vif succès, les comédiens partent en tournée au printemps avec la nouvelle troupe Théâtre-Québec dirigée par Félix, Yves Massicotte, directeur artistique et Jacques Lévesque, administrateur et publicitaire. En septembre, on présente la pièce au Théâtre national, à Montréal. Les rôles sont confiés à Janine Sutto, Paul Hébert, Lise L'Heureux, Jean-Louis Paris, Louis de Santis, Roger Garceau, Guy L'Écuyer et Claude St-Denis. Yves Massicotte, lui aussi comédien, signe la mise en scène de cette pièce à succès. Pas moins de 155 représentations seront données au Québec.

Au printemps 1964, le Théâtre-Québec décide de présenter de nouveau *Le p'tit bonheur* à travers le Québec et, à l'automne, de donner 60 représentations au Théâtre national à Montréal. Devant l'immense succès de la pièce, Jacques Canetti invite Félix et le Théâtre-Québec à la présenter aux Trois Baudets, à Paris. *Le p'tit bonheur* est alors défendu par Monique Miville-Deschênes, Gilbert Chenier, Mireille Lachance, Louis de Santis,

Gilles Normand, Gabbi Sylvain, dans une mise en scène signée Yves Massicotte.

Certaines critiques ne sont pas tendres à l'égard de quelques comédiens à qui l'on reproche leur inexpérience et même leur accent, mais après quelques ajustements, les médias changent de ton. On peut lire, aussi bien dans *Le Monde* que dans *France-Soir*, des propos positifs : «L'esprit français nous vient du Québec…» ou encore «Les Canadiens français sont des pionniers jusque sur nos scènes.» Du 18 décembre au 15 février 1965, dans des salles remplies, *Le p'tit bonheur* sera présenté 50 fois aux Trois Baudets. La RTF juge opportun d'enregistrer la pièce au complet, en présence de l'ambassadeur du Canada à Paris, Jules Léger.

Joies et malheurs alternent constamment dans la vie du poète. En 1965, lorsque Luc Bérimont, André Leclercq de son vrai nom, publie un essai sur la vie de Leclerc, dans la collection *Poètes d'aujourd'hui*, chez Seghers, Félix avoue à des intimes qu'il plane avec les ailes d'un condor. Quelques jours plus tard, il perdra son père et ne s'en remettra pas de sitôt. Il admirait l'auteur de ses jours, comme son héros favori. Son chagrin démontrera à quel point cet homme tenait une place importante dans sa vie.

Grégoire aussi est attristé par le décès de son père, ce qui ne l'empêchera pas de faire mention, dans ses mémoires, du petit côté hors-la-loi inoffensif de Léonidas : «Le paternel se plaisait à commercer en douce le whisky de contrebande. Il avait des contacts avec des gens experts en la fabrication… Mon père vérifiait le produit et s'assurait de la qualité, de la pureté et de l'authenticité du whisky blanc. Ensuite, il faisait un contrat pour plusieurs gallons, sous scellés, avec la garantie d'une livraison de qualité identique. Quand la commande arrivait, papa les dissimulait sous le foin de la grange. Ensuite, on organisait une corvée pour l'emballage, une mise en flacons dans de petites «flasques». Félix, le rêveur, ne s'apercevait même pas de nos transactions et de notre petit manège. Heureusement, parce qu'il serait monté sur ses grands chevaux.»

À cette époque, la prohibition américaine avait favorisé un commerce illicite plus ou moins lucratif, compte tenu de tout le trouble que l'on se donnait pour jouer à ce petit jeu répandu au fond de nos campagnes. Cela n'avait rien à voir avec le banditisme organisé des États-Unis, surtout à Chicago, du temps du gangster américain Al Capone, dont Félix connaissait bien les frasques légendaires.

Si Félix est content d'être reconnu au Québec et en Europe et que la demande du public reste incessante, les à-cotés de la célébrité commencent à lui taper sur les nerfs. En fait, autant il aime porter le titre d'artiste, autant il déteste l'étiquette de vedette. C'est un mot qui l'effraie: «Les vedettes sont des gens qui ne sont plus eux-mêmes. Je veux vivre anonymement et marcher parmi la foule. Je veux chanter comme un ouvrier qui travaille et qui rentre tranquillement chez lui. Quand une poule est sur le nid, elle pond des œufs. Moi, mon affaire, c'est de faire des œufs: une chanson, un petit bout de film, une pièce de théâtre…»

Félix a toujours déclaré s'être inspiré du folklore tzigane dans certaines de ses chansons. Quoi de plus normal puisque son timbre de voix se prête admirablement bien à la chanson folklorique d'Europe centrale. À vingt ans, quand il a mis au point son premier chef-d'œuvre, *Notre sentier*, était-il si familier que cela avec la chanson tzigane?

Qui inspire qui? Tout a été dit ou écrit… Il s'agit de refaire le même parcours, chacun à sa manière. Combien de compositeurs se sont imprégnés du folklore étranger pour écrire leur musique ou leurs chansons? Il est tout naturel de subir les influences des classiques qui méritent d'être imités.

Au moment où il lance son microsillon, *Mon fils*, Félix confie à la presse: «Il y a une chanson suisse aussi et une chanson tzigane, j'ai toujours beaucoup aimé cette musique. Il y a quelque chose de mystérieux, d'envoûtant dans leurs airs. J'en connais plusieurs depuis fort longtemps et j'ai décidé d'en mettre un en paroles.» Voilà la réponse qu'il donne à ceux qui disaient qu'il avait volé des chansons au folklore russe.

Durant l'hiver 1965, les Leclerc quittent de nouveau la France pour rentrer au Québec. Un accueil chaleureux les attend à l'aéroport de Dorval. Une fanfare de jeunes venus de La Tuque incite la foule à chanter *Le p'tit bonheur* et *Moi, mes souliers*. Geneviève, la fille de Guy Mauffette, tend le fleurdelisé à Félix et offre des fleurs à son épouse. Dans les yeux de l'homme contrarié s'entremêlent la tristesse et la joie. Il semble y avoir de gros nuages noirs à l'horizon.

Des journalistes tatillons sont nombreux à poser des questions embarrassantes à Félix. On lui demande s'il est heureux de revenir chez lui et si sa vie de couple est menacée? Comment s'est soldée l'aventure de sa pièce *Le p'tit bonheur*? Et la critique a-t-elle été désastreuse? Il est évident que l'on cherche la petite bête…

Félix, contrairement à ses habitudes, est d'attaque pour répondre en ne ménageant pas les susceptibilités. Le fouet de la critique a un effet stimulant sur lui: «C'est la première fois qu'une pièce de chez nous est jouée aussi longtemps à l'étranger. C'est une vraie trouée dans la jungle. Le dialogue est maintenant engagé. On n'a plus à avoir honte de ce que nous sommes. *Le p'tit bonheur* a ouvert une brèche comme je l'ai fait pour la chanson il y a 15 ans.»

Un article paru dans l'*Aurore* donne une idée assez juste du succès du *P'tit bonheur* aux Trois Baudets: «Le public ne boude pas son plaisir et même en redemande. Un public formé surtout de gens ordinaires, comme ces mécaniciens d'un garage de Saint-Maur, qui, l'autre soir, sont revenus une deuxième fois et ont remis une montre au poète… en guise de cadeau pour la Saint-Félix! Ou ces putains d'un bordel voisin, accompagnées de leur patronne, qui, les yeux encore rougis d'émotion, ont timidement invité Félix et son groupe à trinquer avec elles après la représentation.»

Comment expliquer que Félix soit toujours aussi blessé qu'au premier jour, par les égratignures que subit son œuvre théâtrale à laquelle il tient tant. Au Québec, des gens mal intentionnés s'offusquent avec véhémence du fait que le ministère des Affaires culturelles ait versé 15 000 $ à la troupe pour couvrir certains frais de nos artistes qui sont allés à Paris pour bien nous représenter. On aurait voulu que l'imprésario assume totalement les risques de cette production.

Pour tirer l'affaire au clair, Pierre Gravel, journaliste à *La Presse*, se rend à Paris pour voir de près ce qu'on raconte au sujet du *P'tit bonheur*. Pendant plus d'une semaine, il assiste à toutes les représentations. Il interroge les comédiens et de nombreux spectateurs. À son retour à Montréal, il publie un dossier positif et remet les pendules à l'heure.

Le 6 janvier 1965, Pierre Gravel recueille ces propos de Félix Leclerc: «Un colonisé, c'est un homme dépersonnalisé. Qui parle, s'habille comme son maître, le singe et le lit. Et qui au fond le hait et l'envie. Un homme libre, c'est un homme qui n'a pas honte de son père et sa mère, ni de son milieu. Qui circule tête haute sur la planète, commandant le respect et la fierté. Sois toi-même et le roi te recevra.»

Bien sûr, en prenant de l'âge, Félix pardonne volontiers à ses détracteurs. Philosophe, il sait tirer des leçons: «La déchirure dans le sol, c'est la condition pour que vienne la semence. Comme pour chaque enfant qui naît, il y a les douleurs de la mère. Pour chaque matin qui paraît, il y a la lutte avec la nuit. Je pense que pour chaque homme au monde, avant qu'il parvienne à son aurore, il lui faut passer par les ténèbres.»

Après son retour à Vaudreuil en 1965, Félix reprend contact avec ses proches, mais il n'est pas dans son assiette. Il est songeur. La rumeur court que sa propriété est à vendre. C'est une période extrêmement difficile pour Félix qui a beaucoup changé. Il est moins présent auprès de

Doudouche, plus évasif et plus indifférent qu'il ne l'a jamais été. Les femmes ont toujours beaucoup d'intuition lorsque s'allume le signal d'une rupture à venir. Doudouche est inquiète, pas sûre d'elle, davantage fragilisée par l'inconnue qui n'a pas encore de visage. Malgré tout ce qui se passe, elle entretient un espoir vacillant en espérant que tout rentrera dans l'ordre avec son Félix, l'homme avec lequel elle partage tous ses rêves depuis plus de 23 ans.

Et puis, il y a une première rupture entre Félix et Jacques Canetti après 20 ans d'échanges amicaux et professionnels, de secrets partagés. Que s'est-il passé?

Félix évite de dire que ça ne marche plus avec Canetti depuis son récent départ de Paris. Plus tard, il confiera : «Je ne sais pas pourquoi j'ai rompu avec Jacques.» Dans une lettre adressée à des amis intimes, Canetti répètera à peu près la même chose.

En janvier 1966, la pièce de Félix Leclerc, *Les Temples*, est présenté sur la scène de la Comédie canadienne à Montréal, dans une mise en scène d'Yves Massicotte. Même si on a fait appel à des comédiens chevronnés, tels Janine Sutto, Ovila Légaré, Edgar Fruitier, Maurice Beaupré, Robert Gadouas, Louise Forestier, la comédie de Leclerc n'obtient pas le succès escompté. Jean Basile écrit dans *Le Devoir*: «Ce qui me frappe dans l'esprit qui semble animer *Les Temples*, c'est un pessimisme total et fondamental que rien ne vient rompre. Le monde est corrompu…»

C'est vrai que Félix fait preuve d'une franchise brutale et dérangeante dans sa pièce controversée. Il dénonce à coup de massue ceux qui se prétendent supérieurs. On voit bien que l'auteur a besoin de ralentir son rythme de vie. Mais il ne trouve pas la paix intérieure qu'il a cherché en vain. Son comportement est étrange, il n'arrive pas à remettre son cœur à l'endroit. Il est évident qu'il court deux lièvres à la fois.

Pour cacher son mal et deviner ce que l'avenir lui réserve, Félix, qui ne croit pas du tout à l'astrologie et à la cartomancie, se réfugie sans relâche dans l'écriture de chansons nostalgiques et prémonitoires, comme *Dieu qui dort, Mes longs voyages, La vie, Ailleurs,* dans lesquelles il se met à nu : « Je brise tout ce qu'on me donne… Bonheur m'alourdit et m'ennuie. Ne suis pas fait pour ce pays… Ailleurs cher amour on m'attend. Il faut que tu y sois aussi, sinon je ne sors pas d'ici… » Voilà des phrases qui en disent long sur l'état d'âme d'un homme tiraillé par sa conscience, ses obligations morales et l'amour de deux femmes ancrées dans sa vie.

Le couple Leclerc va cahin-caha, même s'il vit encore sous le même toit. Les relations amicales se détériorent de jour en jour. Félix et Andrée, surmenés, exacerbés, réagissent parfois très mal, d'une façon coléreuse, inhabituelle. Félix a la tête ailleurs. Les excès d'alcool passagers du couple sont loin d'alléger l'atmosphère tendue plus lourde que jamais. Les voisins et amis, témoins de plus en plus de leurs éclats de voix, sont impuissants à raccorder leur ménage qui va à la dérive.

Andrée est désemparée face à l'attitude changeante de son grand homme. Elle est maintenant sûre d'avoir une rivale inconnue qui est déjà dans la vie de son mari depuis un bon moment. Elle sait bien que Félix n'a jamais été indifférent à la beauté et au charme de bien des prétendantes. Il a dû, certes, mettre un coup de canif dans son contrat de mariage, comme disent les Français d'un certain âge. Andrée de son côté avait pris l'habitude de fermer les yeux et de ne pas voir des rivales dans toutes celles qui faisaient les yeux doux à Félix.

Elle constate que plusieurs adversaires font partie de leur cercle d'amis. À Vaudreuil, il arrive que les soirées se prolongent et que certaines invitées dorment à la maison des Leclerc. C'est le cas de Monique Miville-Deschênes, Gaétane Morin et Yolande B. Leclerc. Andrée a eu pitié d'une chanteuse, disparue plus tard tragiquement, qui passait souvent la nuit, dans le hamac installé sur la galerie, dans l'espoir de voir et de parler à son idole au lever du jour. Chose certaine, Andrée croit que l'une d'elles a déjà conquis Félix.

Doudouche ne s'amuse pas de la situation inconfortable et ne veut plus être la cinquième roue du carrosse. Elle n'est plus flattée par toute cette attention que suscite Félix auprès de la gent féminine. Elle constate qu'il est habité par une passion qui le dévore. Une chose lui trotte dans la tête depuis longtemps : elle veut le prendre sur le fait avec sa rivale. Sachant qu'il possède un camp en bois rond, bien dissimulé, à l'Île d'Orléans, elle décide de s'y rendre avec leur fils Martin, qui vient d'avoir 20 ans. Devant l'évidence, elle refuse de s'avouer vaincue. Elle veut déloger sa rivale, Gaétane Morin, qui a 25 ans de moins que Félix.

Même si le couple Leclerc fait chambre à part depuis quelques années, Andrée croit à l'impossible rêve. Hélas, la douleur et la déception la poussent davantage à noyer son chagrin dans l'alcool. Elle confie son malheur au père Émile Legault et trouve une oreille attentive et beaucoup de compréhension et de tendresse auprès du cinéaste Claude Jutra.

L'écrivain, cité en exemple à la jeunesse de son pays, passe un rude moment d'angoisse. Il s'informe auprès du cardinal Paul-Émile Léger des possibilités d'une annulation de mariage, mais le prélat est loin de l'encourager et de lui donner sa bénédiction. Il explique à Félix qu'il faut de bien meilleures raisons pour dissoudre un mariage religieux.

Félix est déchiré non seulement par les durs labeurs de sa vie matrimoniale, mais surtout par la rigueur du clergé à son endroit. Tandis qu'on cherche à ramener la brebis égarée au bercail, lui cherche la route qui mène à une nouvelle vie sentimentale.

Le couple Leclerc n'arrive pas à recoller les morceaux de la déchirure. Félix, plus calme et serein, est attristé du chagrin qu'il inflige à Andrée. Cette épuisante double vie l'oblige à s'enfermer dans les cabines téléphoniques du village pour parler à la nouvelle élue de son cœur. Alibis, intrigues, demi-vérités ne sont pas du tout son genre. Il veut que cela cesse d'une manière ou d'une autre.

Comme des engagements l'attendent à Paris, Félix décide de partir seul, à la fin de l'année 1966, disant à Doudouche qu'il finira bien par voir clair et prendre une sage décision. Mais il ne reviendra jamais prendre sa place auprès d'Andrée et de son fils Martin, excepté pour régler des affaires à Vaudreuil.

Peu de temps après le départ de Félix pour la France, Gaétane Morin, celle que Félix ne peut chasser de ses pensées, laissera son emploi de secrétaire auprès du sous-ministre Jacques Parizeau au gouvernement du Québec pour rejoindre Félix à Paris et commencer une vie nouvelle au grand jour. « Le cœur a ses raisons que la raison ne connaît point. »

Dans le film, *La vie*, de Jean-Claude Labrecque et Jean-Louis Frund, tourné sur l'Île d'Orléans, voici ce que dit Félix Leclerc au cours d'un long monologue : « On n'a pas le droit de rester malheureux, de rester dans des situations troubles, de ne pas s'entendre avec le pays ou être blessé de quelque façon que ce soit... Ce n'est pas de la lâcheté de fuir, c'est essayer de vivre, de ressusciter, de repartir ailleurs... J'aurais pu comme bien d'autres, rester, endurer, me résigner... Le malheur est immoral. »

Dans ce court métrage de 58 minutes tourné en 1967, on y entend Renée Claude chanter *La fille de l'île* et Jean Lapointe, *T'en va pas Félix*. Les cinéastes ont réussi à arracher bien des confidences à Félix Leclerc. Il en avait gros sur le cœur et il fallait qu'il se libère totalement : « La France, quand je la survole, je dis ça des fois je n'sais pas si c'est disable : je vois des roses... Ici on me guette et on m'attend, on ferme les poings. Là-bas, les mains sont tendues, on va déboucher une bouteille de champagne, pis y vont dire : Enfin t'es revenu ! Installez-vous donc, vous êtes chez vous, ici. Mais quand même... je veux revenir... je reviendrai. Je ferai les deux... » Un peu plus tard, Félix a écrit : « Il y a des gros bras chez les intellectuels comme chez les casseurs de grève. »

CHAPITRE X

AU SOMMET DE LA GLOIRE,
FÉLIX S'INSTALLE À L'ÎLE D'ORLÉANS

Dès son arrivée en France, à l'automne 1966, Félix Leclerc habite chez la chanteuse Cora Vaucaire à laquelle il se confie. Ils ont en commun le sens du partage, l'amour du métier et des belles chansons. L'homme blessé n'a pas le cœur à rire. Il cherche à refaire sa vie, à modifier le cours de son existence, à se prendre en main afin de résoudre ses problèmes personnels. Fini le temps de jouer à cache-cache dans son refuge secret de l'Île d'Orléans.

C'est avec joie que Félix revoit ses amis Fred Mella et Suzanne Avon, Francis Blanche, Guy Béart, Jean-Claude Chabrol, Fernand Raynaud et Raymond Devos. Il doit mettre de côté son écriture théâtrale et se préparer à paraître de nouveau sous les feux de la rampe, avec un répertoire enrichi de nouvelles chansons comme *Tzigane, Bon voyage dans la lune, Errances, L'écharpe* de Maurice Fanon. Le nouvel homme n'est pas du genre à rester seul bien longtemps dans le mutisme et à se préparer des petits plats, pas plus qu'à passer le balai ou l'aspirateur. Loin de lui l'idée de s'occuper des tâches ménagères.

Même si ce n'est qu'en 1966 que Gaétane Morin arrive dans l'univers intime de Félix Leclerc pour le meilleur ou pour le pire, son adoration pour cet homme imposant et impressionnant à ses yeux, date de plusieurs années.

Sixième enfant d'une famille de sept, elle a 11 ans quand son frère Gilles rapporte à la maison le disque du Canadien qui fait fureur à Paris avec *L'Hymne au printemps*. «Dès cet instant, raconte Gaétane, il était devenu mon idole. J'avais 15 ans quand je l'ai rencontré la première fois; à ses yeux, évidemment, je n'étais qu'une petite fille parmi tant d'autres qui gravitaient autour de sa personne. Quand je l'ai revu par hasard, je me suis dit: C'est lui, c'est cet homme qu'il me faut… C'est aussi simple que ça.» Elle a 23 ans, lui 48.

Aline Gaétane Morin est la fille d'Émile Morin et d'Aline Dupont, de Montmorency près de Québec. Elle voulait être médecin comme son père, mais elle a dû interrompre ses études classiques à cause de la maladie de ce dernier. Toute petite, dans la maison familiale, sur la Côte-de-Beaupré, elle se disait: «Un jour, c'est là, dans l'île, que j'habiterai…»

Au début de l'année 1967, à Paris, le nouveau couple Morin-Leclerc vient de naître officieusement sur la place publique. Gaétane et Félix ne se quittent plus des yeux. Ils entreprennent une nouvelle vie plutôt discrète, loin de la presse et de leur passé respectif. Pour le moment, il importe de régler à l'amiable la question du divorce de Félix et d'officialiser leur union qui fait beaucoup parler au Québec. Vu la différence d'âge, 25 ans, certains croient que cette passion dévorante sera sans lendemain.

Depuis leur première rencontre, l'harmonie et la confiance s'installent entre Félix et Jean Dufour, qui devient secrétaire, imprésario, homme de confiance et ami de Leclerc. Le successeur de Jacques Canetti organise aussitôt une tournée qui les mènera dans une quarantaine de villes françaises. Les salles sont combles, les ovations nombreuses et les demandes affluent de partout. À Cannes, Félix est l'invité d'honneur au MIDEM (Marché International du Disque et de l'Édition Musicale). En septembre 1967, c'est la grande rentrée à Bobino. Anne

Sylvestre est également à l'affiche du réputé music-hall de la rive gauche à Paris.

Si on parcourt la feuille de route de Félix Leclerc, on voit bien qu'il conquiert aussi bien l'Allemagne, que l'Espagne et la Belgique où il fait un carton, comme on dit, au Palais des Beaux-Arts de Bruxelles. Le quotidien *Le Soir* écrit : «Jamais le Canada n'aura eu un meilleur agent publicitaire que le chanteur au torse et à la voix de bûcheron, à la tête de dandy, qui touche la guitare comme on cueille une violette. »

Du 1er au 10 novembre, durant l'Expo 67, le héros national, en compagnie de Cora Vaucaire, remplit la Place des Arts à Montréal et fait ensuite une tournée dans une quinzaine de villes du Québec et de l'Ontario. Durant cette fin d'année, Félix est omniprésent à la télévision et à la radio. Un rythme infernal s'installe. L'homme de 53 ans n'a plus le temps de penser, d'écrire et cela l'attriste un peu. Parviendra-t-il à rester longtemps à flot dans un tel tourbillon ?

L'année 1967 sera remplie de joies professionnelles et affectives pour les amoureux qui s'installent dans une jolie petite maison à La Celle Saint-Cloud, en banlieue de Paris. Quelques arbres, un carré de verdure et leur chien Bobino suffisent amplement au bonheur mérité et grandissant de Gaétane et de Félix. Dans cet environnement, ce dernier s'apaise peu à peu, retrouve son équilibre en compagnie de celle qu'il aime. Leur fille Nathalie naîtra le 16 septembre 1968.

Pendant quatre années d'affilée, Félix retrouve en Europe un public fidèle, enthousiaste. «Mais son pays, le Québec, lui manquait tout le temps. C'était comme une peine d'amour qui le taraudait, raconte Gaétane Morin. Félix avait 54 ans, et à l'instant où il a vu sa fille Nathalie, il est devenu un autre homme, toutes les barrières sont tombées. Cet enfant l'a véritablement libéré… »

Félix a repris sa forme des beaux jours et le bonheur lui va à ravir. C'est un feu roulant de spectacles en 1968, avec son bassiste André Busu, surtout en Suisse, en Belgique et en France. Trois semaines consécutives au Théâtre de la ville, à Paris. Même succès à Bobino, rue de la Gaîté, en compagnie d'Isabelle Aubret, première interprète de *C'est beau la vie*, de Jean Ferrat. À Liège, ville d'art par excellence depuis le Moyen Âge, les Liégeois déçus de ne pouvoir entrer au théâtre provoquent une émeute… une autre représentation est ajoutée en fin de soirée. Jean Dufour a planifié cette année-là 100 récitals. Par solidarité avec les artistes de France, Félix se joint à eux lors des contestations de mai 68 et présente un spectacle bénévolement en compagnie de Nana Mouskouri. En 1959, il a déjà agi de la sorte pour appuyer les réalisateurs en grève de Radio-Canada.

Félix s'installe à Saint-Légier en Suisse, dans une grande maison qui surplombe le village de Vevey, face aux Alpes, et choisit Lausanne comme point de départ de ses tournées. Gaétane et la petite Nathalie restent à l'écart du public et des médias. Noël 1968 se passera en famille et l'on ira prendre le grand air dans les Alpes juste après un véritable triomphe à Lausanne.

Enfin, Félix change un peu le rituel de sa vie de chanteur. Il décide de se lever plus tard et de ne plus arriver au théâtre deux ou trois heures d'avance pour voir à l'œuvre les machinistes, les éclairagistes et les preneurs de son. Son menu aussi a changé : steak grillé, petite salade verte, une pomme et une tasse de thé, cela lui suffit. Sa nouvelle vie avec Nathalie le rend méconnaissable et Gaétane est très heureuse de recevoir les amis de l'Île d'Orléans, notamment Jos et Jeannette Pichette. C'est bien évident que l'arrivée de Gaétane dans sa vie donne des ailes à Félix et le porte à un continuel dépassement.

Quand la roue tourne à plein régime et que le public en redemande, l'artiste doit poursuivre son envolée vers de plus hauts sommets et ne pas s'arrêter en cours de route. Félix a bien compris la leçon : le succès dépend de l'effort qu'on met à atteindre un but.

L'année 1969 est éreintante pour Félix qui n'en demande pas tant. Il est pris dans un engrenage. Au mois d'août, il chante au Palais Montcalm à Québec. En septembre, trois semaines au Théâtre de la ville ; ce qui lui permet de flâner un peu dans le Paris *by night* qu'il adore et de rentrer à pied à son hôtel. A-t-il le don d'ubiquité ? C'est à ce moment-là que le contrebassiste Léon Francioli, libertaire et anarchiste, l'accompagnera et deviendra son grand ami jusqu'à la fin de sa carrière.

À l'Université de Marbourg, près de Francfort, il triomphe devant des étudiants allemands. Entre chacune de ses chansons, un traducteur marocain en raconte l'histoire. Allez, hop ! Un dernier spectacle de fin d'année dans le Jura. Dans sa tête, Félix mijote des plans pour la construction de sa maison dans l'île de ses rêves. Il en discute pendant de longues heures avec Gaétane.

Pour régulariser leur situation amoureuse et dormir en paix, Félix Leclerc et Gaétane Morin font un voyage éclair au Québec. Le pasteur Jacques Beaudoin, de l'Église unie du Canada, les unira le 23 décembre 1969 à Saint-Hyacinthe, devant leurs témoins Jos et Jean-Pierre Pichette. Ce mariage met fin à toutes les péripéties de cet imbroglio pour certains et constitue un heureux dénouement, une délivrance pour d'autres.

Félix, et c'est bien son droit, n'a jamais voulu parler ouvertement de sa rupture avec sa première femme, avant que le mariage civil avec Gaétane ne soit institué au Québec, le 1er avril 1969. Son divorce sera entendu devant le juge Bernard Bourgeois le 7 octobre suivant.

Le nouveau marié ne peut passer sous silence le bonheur perdu et retrouvé : « J'aime m'amuser. Je veux que mes enfants puissent dire comme moi qu'ils ont été élevés dans un milieu où l'on était heureux. On dit qu'il faut du courage pour être heureux. Ce courage-là, je l'ai... Quand j'étais plus jeune, j'étais pacifique. Je voyais certaines réalités dans un nuage abstrait. Mais je me suis réveillé, j'ai cassé mes chaînes et je me suis rendu compte que ce n'est pas si épeurant que ça de vivre libre. Après avoir vécu la contestation de mai 1968 à Paris, j'ai observé les jeunes. Oui, c'est vrai qu'on est peureux. Moi, je n'ai plus peur. Il faut faire confiance aux jeunes.»

Au moment de la séparation de Félix et d'Andrée, leur fils Martin suit des cours de photographie. Il se passionne pour cet art et petit à petit il installe son laboratoire, une chambre noire et un studio à l'étage de la maison de Vaudreuil où l'image du grand Félix s'estompe peu à peu.

De son père, Martin a appris à lire les paysages rougeoyants de l'automne, la mer qui baigne le sable blond, l'oiseau qui fait son nid au printemps, toute cette munificence de la nature qui imprègne l'âme de ceux qui savent encore s'émerveiller. Poète à sa manière, il choisit de fixer ces beautés sur pellicule et de les présenter, en 1968, au centre culturel de la Cité des jeunes de Vaudreuil. Ce sera le départ d'une belle carrière de photographe et, plus tard, de cameraman à l'Office national du film.

Après une période de repos à l'extérieur du Québec, Andrée Vien a appris à vivre seule dans la plus grande sobriété. Elle a retrouvé la paix et la sérénité avec l'aide de son fils et de sa meilleure amie, Louise Mauffette, épouse de Guy. Pendant plusieurs années, elle occupera un poste de secrétaire sténodactylo à Vaudreuil et continuera d'habiter un certain temps la maison de l'Anse remplie de souvenirs inoubliables.

Au cours d'une longue entrevue accordée à Henri Deyglun du journal *La Semaine*, Martin confie ses impressions de jeunesse: «J'ai beaucoup voyagé depuis ma tendre enfance, depuis les débuts de papa à l'ABC et aux Trois Baudets. Ça m'a peut-être aidé d'un côté, mais peut-être nui de l'autre... Mes études en ont pris un coup. J'ai rencontré toutes sortes de gens intéressants surtout dans le monde artistique. J'y pensais en classe et j'étais trop distrait pour m'appliquer vraiment. Je passais d'une école française à une école québécoise. L'adaptation n'était pas facile.

De mon enfance, je me souviens des longues promenades avec mon père à travers Paris. Il m'apprenait à observer et à aimer la nature. Il m'en montrait les beautés que je n'aurais pu remarquer sans lui. C'est vraiment de là que date l'éclosion de mon intérêt pour le métier de photographe… Oh! Voyager… Mais toujours, oh! oui, toujours revenir à Vaudreuil. »

En 1970, Félix pense à une retraite prématurée. Il songe à retourner vivre au Québec et à terminer la construction de sa maison de l'Île d'Orléans. Mais avant de partir, Jean Dufour insiste et le convainc d'entreprendre une autre tournée en Belgique, en Suisse et en France.

Au moment où la Crise d'octobre bouleverse le Québec en 1970, Félix voudrait bien être là pour dire ce qu'il pense des mesures de guerre et de la présence de la Gendarmerie royale et de l'armée canadienne en sol québécois. On joue de la matraque et on emprisonne sans raison valable plus de 500 personnes accusées de sédition, dont la chanteuse Pauline Julien et son compagnon, Gérald Godin qui plus tard deviendra député et ministre du Parti québécois dirigé par René Lévesque.

Le FLQ (Front de Libération du Québec) enlève l'attaché commercial de la Grande-Bretagne, James Cross, et le ministre du Travail Pierre Laporte est assassiné. Fait qui aurait pu être évité si seulement on avait pris le temps de négocier avec une poignée de contestataires. Félix, le patriote, est en colère; il s'engage alors à sa façon dans le combat pour l'indépendance du Québec. Il lui semble normal qu'un nouveau pays francophone apparaisse démocratiquement sur la carte du monde.

Avec un autre Grand Prix de l'Académie Charles-Cros pour l'ensemble de son œuvre discographique, Félix revient dans son île pour pendre la crémaillère. Radio-Canada lui consacre toute l'émission des *Beaux Dimanches* le 10 novembre 1970. Il réveillonne en fin d'année avec Gaétane, Nathalie et quelques amis dans sa toute nouvelle maison. Un bonheur total! Félix tient à tout prix à oublier sa carrière internationale et à se consacrer à ses proches et à l'aménagement de son domaine. Toutefois, il se laissera vite tenter par les appels répétés et insistants de son imprésario Jean Dufour qui ne veut pas qu'il s'arrête au moment où tout baigne dans la joie.

D'autres livres plus engagés de Félix Leclerc sont publiés par la maison d'édition de Gilles Vigneault : *Rêves à vendre* et *Dernier calepin* dans lequel Félix écrit au dos de la couverture : « Pas d'affrontement dans mon œuvre. C'est une œuvre frileuse comme moi. Rangez-moi avec les musiciens, les outardes, les innocents, les contemplatifs. Toute ma vie loin de la foule mais aussi toute ma vie, à défaire des nœuds. »

Le poète a du mal à s'isoler dans son île. Après la naissance de son fils Francis, le 28 septembre 1971, il file aussitôt pour Paris. Il refait Bobino et part en tournée dans une quinzaine de villes européennes. Fini le repos du guerrier ! En 1972, on l'acclame au Grand Théâtre de Québec et à la boîte à chansons Le Patriote, à Montréal. Puis, c'est un autre départ pour le Théâtre de la ville l'année suivante, ainsi que d'autres spectacles d'un côté comme de l'autre de l'Atlantique. Il enregistre un nouvel album sous la direction de Claude Dejacques.

Au mois d'août 1973, sa pièce *Qui est le père?* est créée au théâtre d'été Le Galendor de l'Île d'Orléans. Jean-Baptiste, le fils, est joué par le comédien et metteur en scène Yves Massicotte. Ses deux voisins, Uncle Sam et John Bull, viennent fêter dans sa maison avec la carte géographique du Québec devant eux. Jean-Baptiste se rend compte qu'il ne possède rien, que le pays n'est pas à lui. Cette fois, le public et la critique sont bien d'accord. Gilbert Grand écrit dans *Le Devoir* : « C'est là bien sûr une allégorie transparente de la réalité québécoise : la belle province qui couche avec tout le monde, qui dilapide ses richesses en les laissant aux plus offrants, Anglais ou Américains, sans même avoir consulté les Québécois pour le partage… » Cinq ans plus tard, les Nouveaux Compagnons de Trois-Rivières joueront de nouveau cette pièce, dans une mise en scène de Jean-Luc Daigle. Une réussite totale! En 1973, Félix publie aussi *Carcajou ou Le Diable des bois* chez Robert Laffont et aux Éditions du jour.

Félix veut que sa liberté de s'exprimer et de défendre une idée serve aux autres. Pour lui, il faut être vigilant, même dans les petites choses. Lorsque Félix s'engage dans une bataille, idéologique ou autre, il ne ménage pas ses efforts. On en a eu la preuve le jour où il a réussi à stopper l'implantation d'un centre commercial à l'Île d'Orléans.

En juin 1973, Félix chante à l'Autostade de Montréal dans le cadre des fêtes de la Saint-Jean et des festivités du cinquantenaire de la station radiophonique CKAC. Cette année-là, le troubadour multiplie ses apparitions sur scène et dans les médias. Il chante à la Boîte à chansons à Québec, au Patriote à Montréal, au Festival de Sarcelles, en banlieue parisienne et au Holiday Inn à Toronto au cours d'une émission de télévision retransmise à Radio-Canada. Lise Payette lui consacre une belle heure d'entrevue à *Appelez-moi Lise.*

Il est impossible pour Félix de rester à l'écart dans son royaume. L'imprésario Guy Latraverse le convainc de participer à la Superfrancofête le 13 août 1974, à Québec, avec Gilles Vigneault et Robert Charlebois. «Moi, dit Félix, je suis la lampe à huile, Vigneault, c'est l'électricité, et Charlebois, c'est le néon.»

À la fin du spectacle tenu sur les plaines d'Abraham, pas moins de 150 000 personnes rendent hommage à Raymond Lévesque en chantant avec les trois grands, *Quand les hommes vivront d'amour.* De cet événement sortira l'album double: J'ai vu le loup, le renard, le lion. Trois générations de chansonniers! Félix y chante *Bozo, Les 100 000 façons de tuer un homme, Un soir de février* et *L'Alouette en colère* qui marque un éveil à la réalité politique québécoise.

Oui, c'est Félix qui a donné envie de chanter à Gilles Vigneault. «Quand il a triomphé à l'ABC, j'étudiais à la

Faculté des lettres de l'Université Laval à Québec. On n'a pas su tout de suite que ça marchait très fort pour lui. On a fait un peu la fine gueule dans certains milieux intellectuels ici. Lors de mes débuts en France, en 1966, j'ai compris ce que Félix avait fait pour nous, les Québécois.

« Quand je lui ai demandé un coup de pouce pour publier mes premières chansons, Félix a eu cette remarque pleine de sagesse et d'humour : " Tes choses, mon Gilles, c'est-y des fraises ou des framboises ? Si oui, dépêche-toi de les vendre. Mais si c'est bon et durable, prends ton temps. " »

Dorénavant, Félix réserve son tour de chant occasionnel exclusivement au Patriote, celui de Montréal et, plus tard, celui de Sainte-Agathe, dans les Laurentides. Jamais il n'a signé de contrat avec les fondateurs de ces boîtes à chansons, Yves Blais et Percival Broomfield ; tout se règle par une solide poignée de main.

Michel Rivard, autrefois du groupe Beau Dommage, affirme que les jeunes ressentent le besoin de se ressourcer et de reprendre le contact avec les chansons et le théâtre de Félix Leclerc. L'auteur de *La complainte du phoque en Alaska*, que Félix enregistre en 1975, soutient que le fond reprend le dessus sur la forme. Pour Michel Rivard, une chanson aussi belle que *Bozo*, et bien d'autres, ne doit pas être mise au rancart par les stations radiophoniques de toute la francophonie.

À 60 ans, l'heure de la retraite a-t-elle enfin sonné pour Félix ? De toute évidence, il n'en est pas question puisqu'il donne 150 représentations au Québec comme en France. Du 1er novembre 1975 au 6 janvier 1976, il présente son spectacle intitulé *Merci la France* au théâtre Montparnasse-Gaston Baty à Paris. Un album double enregistré en public sur les lieux suivra avec 35 mélodies dont *Sors-moi donc Albert, Les poteaux, La veuve, Prière bohémienne*, si chère à son ami Raymond Devos, *L'encan, Le tour de l'île*. Au même moment, Jacques Chancel consacre sa prestigieuse émission, *Le Grand*

Échiquier, à Félix, qui crève magistralement l'écran, en compagnie de Francis Lemarque, Cora Vaucaire, Julos Beaucarne, Bernard Haller, Sébastien Maroto, Jean Sommer et d'autres de ses amis.

En 1976, Félix remporte pour la troisième fois le Grand Prix de la chanson et effectue une autre tournée en Europe. Le 15 novembre, il chante à Quimper en Bretagne, le jour où le Parti québécois de René Lévesque prend le pouvoir. Le lendemain, au Stadium de Paris, Jean Dufour invite Pauline Julien et Raymond Lévesque à chanter avec Félix afin de célébrer cet évènement attendu depuis si longtemps.

Durant l'été 1977, Leclerc crée sa pièce *La peur à Raoul* au Théâtre de l'Île, à deux minutes de chez lui. Viola Léger, alias La Sagouine, en est la vedette et Rémy Girard, (comédien dans le film *Les Invasions barbares*), le metteur en scène. De connivence avec Claude Léveillée, Félix présente au même endroit *Le temps d'une saison*. On les verra chanter *La légende du petit ours gris*, *Le journal d'un chien* (extraits) et bien d'autres petits bijoux.

En juin de la même année, Félix participe aux fêtes de la Saint-Jean au Stade Olympique à Montréal.

«Il fallait le faire. On célébrait l'an I après l'élection du Parti québécois. Il fallait que ce soit gros. Je ne m'étais pas rendu compte que ce stade-là en béton, ça ressemble à 45 grosses locomotives. C'était un spectacle conçu principalement pour la télévision. J'étais content de savoir que Joe Smith, à Vancouver, le regardait et qu'il réalisait qu'ici au Québec il y avait un peuple.»

À l'automne de 1977, Félix met le cap sur la grande fête de l'Humanité à Paris, présidée par Georges Marchais. Il chante devant 120 000 personnes et fait une dernière tournée dans les maisons de la culture en Suisse où on le nomme citoyen d'honneur à part entière. Par la suite, bien d'autres producteurs et organismes de tous genres lui proposent des engagements fort lucratifs, mais en vain. Il répond toujours personnellement à son courrier par un mot gentil disant qu'il ne veut plus sortir de son île.

Dans la vie d'artiste, les applaudissements et les hommages, Félix en a reçus pleins les bras. Ses plus beaux voyages, à 63 ans, se déroulent désormais dans les six paroisses de l'Île d'Orléans. Il s'arrête quand il veut, où il veut, et marche sur les traces de ses ancêtres qui sont arrivés dans sa petite patrie en 1672.

Avant le début des années 1980, Félix Leclerc est honoré de tous bords, tous cotés. Il reçoit le prix Calixa-Lavallée et la médaille *Bene Merenti de Patria* de la Société Saint-Jean-Baptiste, mais aussi le prix Denise-Pelletier, décerné par le gouvernement du Québec, pour l'ensemble de son œuvre. L'Ordre du Canada lui remet une médaille à titre d'officier. Il obtient aussi la médaille d'argent du Mouvement national des Québécois, des mains de son président Claude Rochon.

Alors que paraît *Le petit livre bleu de Félix* ou *Le nouveau calepin du même flâneur*, Leclerc accepte de prêter son nom à l'ADISQ (Association du disque, de l'industrie du spectacle québécois et de la vidéo) qui remet annuellement des trophées FÉLIX aux artistes choisis par le jury ou par le public.

On ne s'attendait pas à pareil cadeau et à autant de générosité de l'homme qui veut se reposer. Félix entre en studio en 1979, pour enregistrer Chansons dans la mémoire longtemps. Trois microsillons regroupant 36 de ses plus belles chansons : *Le train du nord, Le Roi heureux, Ce matin-là, La veuve, Tu te lèveras tôt, Notre sentier*. On doit ce chef-d'œuvre à François Dompierre qui en a signé la réalisation, les arrangements et la direction musicale.

L'écrivain Louis Nucéra (1928-2002) a très bien connu Félix, dès ses débuts à Paris en 1950, alors qu'il travaillait pour la compagnie où Félix enregistrait ses disques. Des anecdotes au sujet de son ami, il en a plein son baluchon. En voici une pleine de saveur : Félix arrive en Camargue, dans le sud de la France, pour s'y reposer avec Doudouche et Martin. En se promenant à cheval, il repère une cabane où logent deux bergers. Il les observe discrètement pendant quelques jours avant de leur adresser la parole. Finalement, Félix descend de sa monture. La conversation est brève. Il leur explique d'où il vient, d'un pays couvert de neige, de milliers de lacs et de forêts immenses. Les bergers, sceptiques, font semblant de le croire.

Le surlendemain, Félix leur parle de semailles et de récoltes, de la vie des bûcherons et des orignaux aux énormes panaches qui n'arrivent pas à passer entre les arbres. Un climat de confiance s'installe entre eux. L'avant-veille de son départ, les bergers ne craignent plus le ridicule et demandent gravement à Félix: «On voudrait bien savoir qui est le président de la République en France.» Pour ne pas passer pour l'homme qui sait tout et qui veut étaler son savoir, Félix répond modestement: «J'vais me renseigner au village.» Il revint le lendemain et annonça à ses nouveaux compagnons éloignés de la clameur et des ragots: «On m'a dit que c'est un général. Il s'appelle Charles de Gaulle.» L'un des deux bergers s'exclame: «Tu vois, j'avais raison. J'ai gagné mon pari.» Lorsque Félix s'en alla, ils avaient les yeux pleins de larmes. Les bergers perdaient un ami et Félix en quittait deux.

CHAPITRE XI

FÉLIX FÊTÉ À *VAGABONDAGES*
ET AU PRINTEMPS DE BOURGES

Grâce au Mouvement national des Québécois, le 25 janvier 1980 ne sera pas une journée comme les autres pour Félix Leclerc. Toutes les stations de radio s'entendent pour faire tourner ses disques. Le producteur Guy Latraverse monte un spectacle du tonnerre à TVA (Montréal), sous la direction musicale de François Dompierre, dans une mise en scène de Mouffe.

Yvon Deschamps prend plaisir à présenter toute une pléiade de vedettes québécoises, notamment Gilles Vigneault, Monique Leyrac, Jean-Pierre Ferland, Jean Lapointe, Claude Léveillée. Le spectacle télévisé se termine en beauté avec Félix qui a accepté de laisser son île pour l'occasion. Son mot de la fin : « Le Québec est un pays divisé, excepté quand il chante. Chante Québec et tu ne mourras pas. » Une exposition des œuvres de Félix Leclerc suivra au Complexe Desjardins, à Montréal.

Félix suit de près tout ce qui se passe de l'autre coté du pont de l'Île d'Orléans, précisément au parlement de Québec. Il sursaute quand il apprend que la date du référendum est fixée au 20 mai 1980. Un mois seulement pour convaincre les Québécois, surtout les indécis et les fédéralistes, à se prononcer en faveur de la souveraineté-association avec le Canada.

Leclerc répond à l'appel pressant et fait campagne dans le clan du Oui. Ce ne seront pas des vacances reposantes. Devant plus de 5 000 partisans assemblés au centre Paul-Sauvé de Montréal, le premier ministre René Lévesque demande à Félix de proclamer les résultats du référendum. Plus de 85 % des Québécois se rendent aux urnes et près de 60 % répondent Non. On doit se soumettre à la volonté du plus grand nombre.

Attristé et déçu des résultats du référendum, Félix se demande pourquoi, majoritairement, ses compatriotes ne veulent pas d'un pays souverain qui aurait le pouvoir exclusif de faire ses lois, de percevoir tous ses impôts ? Revenu dans son île, il ne veut plus en sortir, à moins que ce ne soit pour accompagner Gaétane et ses enfants, Nathalie et Francis, dans la capitale ou les environs. Papa Félix surveille de près les progrès scolaires de sa progéniture.

Félix se défend bien de faire preuve de partisanerie, mais il n'a pas d'objection à être identifié à une cause patriotique. Il combat avec véhémence l'intolérance religieuse et politique qui, à ses yeux, est un vice pire que l'alcool, la prostitution et le tabac.

« Si les Québécois avaient, pour tout ce qui est québécois, la moitié du fanatisme que les Anglais ont pour tout ce qui est anglais, Québec serait un pays libre demain matin. Le même exemple va pour les Juifs… Québec serait une force redoutée et redoutable. Pour les Allemands… Québec serait un peuple entier, puissant, complet, d'un poids énorme. Quant aux Italiens… Québec serait aussi un pays libre et indépendant. »

C'est l'anniversaire de Félix Leclerc le 2 août 1980 ; il vient d'avoir 66 ans. Son pneumologue lui interdit toute activité sur scène. Il a besoin de repos et doit soigner une vilaine bronchite devenue chronique et doublée d'asthme. Son épouse, Gaétane, se demande parfois s'il ne s'est pas trouvé une bonne excuse pour arrêter de chanter.

Affaibli par les médicaments, il ne fume plus et veut seulement vivre des jours heureux à l'Île d'Orléans et aller dans le bois pour écouter les oiseaux et l'écho de ses pas comme dans une cathédrale. « C'est un vrai bûcheron, dit Gaétane, pas du tout folklorique. Son plaisir c'est d'aller nettoyer la forêt qui répand une si bonne odeur. Il part sur son tracteur, rentre manger à midi, et après sa sieste, il repart. »

Constamment, Félix ressent le besoin de parler de son père, le géant Léo, qui lui a enseigné l'art de rester optimiste, face à l'adversité et aux contrariétés de la vie quotidienne : « C'est lui qui a fait que mes plus longues dépressions ne durent jamais plus de 10 minutes. Il m'a appris qu'il faut beaucoup apprendre et savoir attendre. Et prévoir que dans la vie, il y a des périodes différentes qui sont à l'image de nos quatre saisons. »

Pendant que la guitare de Félix somnole dans son bureau, entre deux bibliothèques chargées de livres, il se lève tôt et se dirige sur la pelouse en robe de chambre, la crinière au vent, avec son chien fidèle à ses cotés. Le temps de revêtir ses habits de travail, de jeter un coup d'œil sur les nouvelles fraîches du matin, il descend en tracteur vers les battures, au bord du fleuve, près de son camp en bois rond. Sur l'autre rive, il admire la Côte-de-Beaupré et les chutes de Montmorency.

Le Québec peut s'enorgueillir d'avoir un troubadour et un poète qui compte parmi les plus marquants de la francophonie contemporaine qui lui a déjà signifié sa fierté en lui remettant nombre de prix. *Pour oublier grande blessure / Dessous l'armure / Été hiver / Y'a l'tour de l'île / L'Île d'Orléans.*

La réflexion que cette chanson de Félix inspire va bien au-delà des polémiques à propos du Oui ou du Non. Cette œuvre prend figure de testament ou d'un talisman qui soutiendra les efforts des pessimistes dans les moments difficiles. Tiens, une bonne nouvelle qui fait plaisir à Félix : Le Parti québécois est reporté au pouvoir le 13 avril 1981, avec 80 sièges contre 42 pour le Parti libéral. Le 8 octobre de la même année, le président du Sénat canadien, Jean

Marchand, ex-ministre libéral, déclare que le recours à la Loi sur les mesures de guerre au Québec équivalait à « mobiliser un canon pour tuer une mouche ».

Le jour de la mort de Georges Brassens, le 30 octobre 1981, Félix est malheureux comme les pierres et se souvient de la chanson de son ami qui disait : « Ne jetez pas la pierre à la femme adultère, je suis derrière. » Pour que l'on ne l'oublie pas, il écrit dans ses calepins de moins en moins secrets : « Brassens était un oublieux. Il lui arrivait d'oublier son cachet dans les Maisons des jeunes qui avaient besoin d'argent (à la condition que personne ne le sache). Sur le coin de la table, il a aussi oublié plusieurs chansons éternelles. Mais ça c'était difficile de le cacher. »

Parlant des chansons de son ami Brassens, Félix écrit dans *Rêves à vendre* : « Des piécettes ciselées, toutes petites, toutes forgées, toutes originales, jolies et travaillées, toutes couleurs de la terre de France. On gratte : dessous c'est de l'or. »

Félix est non seulement un homme libre, mais c'est aussi un homme heureux. « Cela s'entend, raconte l'écrivain Jean Royer. Cela se voit plus que jamais quand je le retrouve dans son île qui ressemble bien au pays droit des plus fières chansons de Leclerc. »

Quand Félix se met à parler de l'Île d'Orléans et de la critique qui lui a fait mal, on ne peut plus l'arrêter. Il n'a certes pas oublié les attaques éreintantes et vicieuses de Victor Barbeau et de Gilles Marcotte, ainsi que de Jean Basile qui, dans *Le Devoir*, lui reprochait son excès de nationalisme et blamait le gouvernement du Québec d'avoir subventionné (bien modestement) le Théâtre Québec, parti présenté *Le p'tit bonheur* à Paris.

À son ami Royer, il se confie : « L'île, c'est une œuvre finie. L'île est belle du derrière des granges allé à l'eau. Tout le tour. La route, c'est un premier pas. Il faut s'arrêter n'importe où, demander la permission à l'habitant d'aller dans les fonds. Les paysages sont variés. Il y a les détours de Saint-François et ce cimetière qui donne dans l'eau. Tout ça, c'est un immense bateau comme Chartres qu'on voit dans les blés… Il faut peut-être leur dire aux gens que le vert est précieux comme de l'or. J'en ai vu tomber beaucoup devant les rumeurs, les critiques et les opinions fracassantes et destructives. Pour rester debout, affirme Félix, c'est une question de santé morale. Il faut se mettre de la cire dans les oreilles. Il faut faire comme Ulysse : ne pas écouter les sirènes. Il faut bien rester attaché à son mât et se dire : ne mords pas, ce n'est pas le temps, attends d'être plus tranquille et que la tempête soit passée. »

En 1982, l'Université du Québec décerne à Félix Leclerc le titre de docteur honoris causa. « Conteur et fils de conteur, écrit Gilles Boulet, président de cette institution, Félix Leclerc est un défricheur de la parole, un sourcier du langage. Il retourne les mots, comme d'autres leurs champs, et les fait couler, briller, geler ou fondre suivant son cœur et les saisons. »

Le 16 décembre 1981, acceptant de faire une rare apparition à la télévision, Félix se laisse interviewer par Denise Bombardier dans le cadre de son émission *Noir sur blanc* au cours de laquelle il ébauche une sorte de bilan et répond sans détours aux questions pertinentes de l'animatrice au tempérament fougueux. Il en a fait autant, auparavant, lors d'une entrevue accordée à Lizette Gervais, dans l'émission *La vie quotidienne*, également diffusée à Radio-Canada.

Félix profite de toutes les tribunes qui lui sont offertes pour parler aux jeunes pour lesquels il représente la force, la franchise, l'avenir. En 1983, Jean-Pierre Ferland anime quotidiennement *Station Soleil* à Radio-Québec et souhaite vivement compter Félix au nombre de ses invités. Après des échanges de lettres, d'entretiens téléphoniques, un télégramme de Ferland soigneusement fignolé, Félix accepte de passer à son émission de télévision aux Deux Pierrots, dans le Vieux Montréal.

L'agent de Leclerc, Pierre Jobin, a bel et bien averti le réalisateur que Félix, âgé de 69 ans, ne veut plus chanter.

Il a accroché sa guitare. «Dis-leur Pierre que j'ai une jambe coupée, que je suis très malade… Dis-leur que je ne parle qu'anglais, là ils vont croire que je suis vraiment malade…»

Finalement, tel que convenu avec l'animateur, Félix sera en studio à 16 heures pour une courte entrevue en direct à 16 heures 30, en ce dernier jour du mois d'août. Tout le monde jubile. L'équipe de télévision se prépare fébrilement à recevoir le roi de l'île, dont les apparitions en public sont extrêmement rares autant que de l'or en barre. Pierre Duceppe, le réalisateur, et Jean-Pierre Ferland sont aux petits oiseaux, de même que Claude Dubois et Jean Lapointe, Jeannette Biondi et Marc Laurendeau, chroniqueurs à l'émission.

On est en pleine répétition dès 14 heures, lorsque Félix s'amène seul, guitare en bandoulière. Les musiciens arrêtent de jouer. Silence total! Ferland est ému; jusqu'à la dernière minute, il a craint que Félix se décommande. «En quittant l'île, ma femme m'a fait comprendre que je devais apporter ma boîte à lunch, mon instrument de travail, au cas où vous insisteriez pour que je chante.»

«C'est une excellente idée, Monsieur Leclerc, déclare Duceppe, nous allons changer le déroulement de l'émission pour vous faire une place d'honneur, à vous et à votre guitare.» Et Félix de répondre illico: «Ne changez rien. Pour les honneurs, on oublie ça. Rappelez-vous ce que dit Pagnol dans *Marius*: l'honneur c'est comme les allumettes, ça ne sert qu'une fois. J'ai pensé que cela pourrait faire plaisir à Jean-Pierre si je chantais l'une de ses belles chansons, *Ton visage* ou *Les noces d'or.*»

Ce fut un moment de grâce dès son entrée en ondes. Il a chanté sur les marches de la scène et il a beaucoup parlé. Il a exhorté les jeunes à persister dans leur quête d'un pays, soulignant que certains peuples ont pris 200 ans pour gagner leur indépendance.

«Ce n'est pas vrai que cette idée soit dépassée. Il faut ressusciter ce rêve. Il faut en parler encore. Si on se laisse faire, on deviendra la Louisiane. La jeunesse, à qui appartient la tâche de changer les choses, doit prendre la place des aînés et faire son choix décisif. La souveraineté, c'est maintenant son affaire!»

Qu'il parle de poésie, de théâtre, de la jeunesse ou des aînés, Félix Leclerc revient toujours au rêve qu'il chérit, celui de se donner un pays, un chez-soi. Qu'en pense Gilles Vigneault? «Félix a battu des sentiers, défriché des terres et des champs, posé des clôtures, creusé des fossés, refait des ruisseaux, trouvé des lacs et des rivières dans le pays de la chanson où, aujourd'hui, nous allons nous baigner, cultiver, marcher et vivre plus facilement parce qu'il y a eu quelqu'un pour déboiser.»

En avril 1983, Félix ne peut décliner l'invitation insistante de Jean Dufour. Il va à Bordeaux sans sa guitare et signe le livre d'or du Centre de la chanson, avant de gagner la Dordogne. Le dimanche de Pâques, il se recueille à l'église de Saint-Rémy-sur-Lidoire avant d'être reçu royalement au Printemps de Bourges. Lors de ce festival, il revoit avec émotion Yves Duteil, Maxime Le Forestier, Jean-Pierre Chabrol, Marc Favreau (Sol), Michèle Bernard, Gérard Pierron, et Robert Gicquel, lequel chantait jadis le répertoire de Félix en s'accompagnant à la guitare.

Pour marquer l'ouverture du Théâtre Félix Leclerc, dirigé par Françoise M. Chartrand, Lucien Richard et Guy Roy, le retraité de la scène, Félix Leclerc, accepte de se rendre à Montréal le 11 septembre 1983 et d'assister au gala hommage donné en son honneur. Parmi les vedettes du spectacle se trouvent notamment Pauline Julien, Gilles Vigneault, Raymond Lévesque, Fabienne Thibeault, Monique Leyrac, Céline Dion qui interprètera *Bozo. Dans un marais / De joncs mauvais / Y avait / Un vieux château / Aux longs rideaux / Dans l'eau.*

L'année 1984 sera surchargée pour Félix. Le 1er janvier, Radio-Canada présente *Rêves à vendre*, mettant en lumière le poète filmé à son insu, parlant d'un autre projet qui lui tient à cœur. Jean-Pierre Ferland présente à tour de rôle des amis de Leclerc venus lui rendre hommage : le comédien Jean Duceppe, l'écrivain Michel Tremblay, le peintre Alfred Pellan, Ludmilla Chiriaeff, fondatrice des Grands Ballets canadiens, les Petits chanteurs de Granby, sans oublier les humoristes Ding et Dong (Claude Meunier et Serge Thériault).

Félix fuit les manifestations publiques, les journalistes, la scène, mais le journal *La Presse* lui fait un jour une demande qu'il ne peut refuser, surtout parce qu'elle lui donne une occasion de rencontrer l'une de ses idoles.

Lors du centième anniversaire de *La Presse*, le 20 octobre 1984, Félix Leclerc et Maurice Richard sont désignés par le public comme les Québécois les plus illustres et les plus représentatifs de l'heure. Le quotidien organise une rencontre des deux héros à l'Île d'Orléans. Jean Beaunoyer, Réjean Tremblay et le photographe Pierre McCann couvrent d'une façon admirable cet événement historique.

Le pionnier de la chanson et Maurice Richard échangent des souvenirs : le bâton de hockey du 526e but contre un 78 tours de la version originale de *Bozo*, un chandail des Canadiens contre les éditions originales des trois premiers livres de Félix. Celui-ci en profite pour se faire raconter par Maurice lui-même sa version de cette fameuse soirée du mois de mars, en 1955, qui avait engendré au Forum de Montréal la pire émeute sportive de l'histoire. Cent cinquante mille partisans en colère, étaient descendus dans la rue pour protester contre la suspension controversée et injuste du *Rocket* et le comportement raciste du président de la ligue Clarence Campbell.

Quelques jours après le passage de Maurice Richard à l'Île d'Orléans, Félix écrit : « Quand il lance, l'Amérique hurle. Quand il compte, les sourds entendent (ce qui est arrivé à son 500e but). Quand il est puni, les lignes téléphoniques sautent. Quand il passe, les recrues rêvent. C'est le vent qui patine, c'est tout Québec debout qui fait peur et qui rit… Il neige ! »

Durant l'hiver 1984, l'animateur parisien Roger Gicquel débarque à l'Île d'Orléans pour enregistrer son émission *Vagabondages* consacrée entièrement à Félix Leclerc. Elle est présentée à TF1 (France) et à la télévision de Radio-Canada. Yves Duteil, Claude Léveillée, Jean-Pierre Ferland, Marie-Claire Séguin, Sylvain Lelièvre, Michèle Bernard rendent hommage à Félix en interprétant plusieurs de ses chansons.

Alain Rémond a fait un compte-rendu de cet enregistrement dans le magazine français *Télérama*: « J'ai eu le grand plaisir, enfin, de retrouver un autre grand Américain non conforme. C'était à *Vagabondages* (hors normes aussi) de Roger Gicquel. Je veux parler de Félix Leclerc, ce roc, ce vieux lion qui a su s'inventer, se fabriquer, et préserver son propre univers contre le rythme de l'*American Way of Life*, au point de devenir comme le symbole de la résistance culturelle du Québec, luttant pour sa survie, dans un environnement anglo-saxon. On a envie de partir, loin, avec tous ses disques, ses chansons. Le temps d'une cure de retrouvailles, de remariage avec soi-même. »

Lorsque l'ONU (Organisation des Nations Unies) déclare 1985 année internationale de la jeunesse, on s'empresse de recruter 10 personnalités susceptibles de livrer un message d'humanisme et d'espoir. Au Québec, Félix Leclerc et le journaliste scientifique Fernand Seguin sont désignés pour encourager les 29 pays associés à sensibiliser les jeunes aux défis de la fin du XXᵉ siècle, soit le développement des nations, la solidarité entre les hommes et la paix sur la terre.

Le 26 juin 1985, Félix Leclerc est nommé Grand Officier de l'Ordre national du Québec par le premier ministre René Lévesque. L'année suivante, il reçoit dans la capitale nationale la décoration de Chevalier de la Légion d'honneur du gouvernement français des mains du consul Renaud Vignal.

À cette occasion, Félix y va d'un autre petit discours bien senti: « Que l'anglais prenne sa place dans le monde et que le français reprenne la sienne, c'est-à-dire la première, comme au temps des rois. Merci la France!» Puis le consul lit un message du ministre de la Culture, Jack Lang: «Avec Charles Trenet et Georges Brassens, vous occupez depuis longtemps une place d'exception dans l'histoire de la chanson française. Votre public vous aime, il aime en vous le pays, mais aussi l'homme simple et vrai si proche de la nature et de ses semblables.»

Félix a de plus en plus de difficulté à cacher le mal qui l'affecte. On voit bien qu'il mène un véritable combat pour retrouver la santé. Des amis lui rendent visite pour lui témoigner leur amitié: Guy Mauffette, Catherine Sauvage, Jean Lapointe. Tout le monde trouve que les gens de l'Île d'Orléans sont des êtres authentiques attachés à leur sol et à leurs coutumes anciennes. Depuis belle lurette, ce panorama attire des milliers de touristes qui s'arrêtent dans les six villages différents accrochés aux collines et baignés par le fleuve Saint-Laurent.

Au printemps 1987, Félix accueille dans son île la chanteuse Johanne Blouin qui vient lui faire entendre l'enregistrement d'un album qu'elle s'apprête à lancer. On y entend les grands succès de Leclerc, dont *Le p'tit bonheur* qui remporte le Grand Prix Radio-Mutuel pour la chanson de l'année, d'après le vote populaire. Et voilà qu'on se met à faire tourner régulièrement les mélodies de Félix, pour le plus grand bonheur des auditeurs.

Chaque fois qu'une pièce de théâtre de Leclerc est jouée, c'est une immense joie pour l'auteur. Du 17 juillet au 29 août 1987, le Théâtre de l'île présente *L'enfant en pénitence*. C'est toute l'œuvre de Félix qui sert de toile de fond pour ce long voyage en contes, en musique et en chansons. Le producteur Pierre Jobin a fait appel à d'excellents acteurs: Sophie Faucher, Jocelyn Bérubé, Frédérike Bédard, Benjamin Lemieux et Alexandre Hausswateur, qui signe aussi la mise en scène.

Félix, qui fête son 72e anniversaire, est heureux de monter discrètement sur scène pour féliciter la troupe et remercier les gens de l'Île d'Orléans, et ceux venus d'ailleurs en grand nombre pour assister à sa pièce. « Écrire, dit Félix, est un métier pénible, avec ou sans génie. Avec, c'est encombrant. Sans, c'est frustrant. » Jean St-Hilaire écrit dans *Le Soleil* : « Si l'ensemble dégage autant d'authenticité et de fraîcheur, c'est dû en bonne partie à l'indiscutable connivence des acteurs avec le barde. Ils assument ses mots avec une émotion si réelle qu'ils ne peuvent qu'être habités par l'esprit de mission. Ils jouent à la dure, n'en doutons pas. De l'accablement au rire, ils passent par une foule d'états d'âme exigeant maîtrise et absolue générosité. Ils chantent, jouent de la musique, manipulent : ils performent… »

Le 2 novembre 1987, Félix Leclerc apprend avec stupeur le décès de René Lévesque. Il avait 65 ans. Même s'il n'est plus premier ministre du Québec depuis 1983, le gouvernement libéral de Robert Bourassa lui accorde des funérailles de chef d'État. L'homme, il faut bien le dire, était à l'image du Québec, dans ses doutes et ses contradictions.

Au cimetière Saint-Michel de Sillery, en banlieue de Québec, on peut lire sur la pierre tombale de René Lévesque une émouvante épitaphe de Félix Leclerc : « La première page de la vraie histoire du Québec vient de se terminer, à ceux qui restent d'écrire la deuxième. C'est une sortie digne de lui. Dorénavant, il fait partie de la courte histoire des libérateurs de peuple. »

Peu de temps après le départ de cet illustre Québécois, Félix Leclerc fait parvenir à la Société Saint-Jean-Baptiste de Montréal un texte engagé au sujet du projet de Loi 101 que le gouvernement Lévesque avait fait adopter en 1977. C'est l'affirmation de la primauté du français au travail et sur la place publique. « Oui, je suis bilingue, dit Félix, ce n'est pas à l'école primaire que j'ai appris l'anglais mais dans les rues d'Ottawa à l'âge de 15 ans… C'est une mauvaise partance pour l'enfant anglais ou français que de lui inculquer deux langues à l'école primaire… Que chacun baigne d'abord dans sa langue maternelle... s'il veut bien la posséder... »

Au printemps 1988, Félix intensifie sa correspondance et ses conversations téléphoniques avec ses amis d'hier et d'aujourd'hui. Il parle fréquemment à ses frères Jean-Marie et Grégoire et à toute la parenté. À son imprésario français, Jean Dufour, il écrit: «Ne nous attends pas. Je ne voyage plus qu'en écriture.

Un livre sortira à l'automne. J'y parle de toi et de Devos (Raymond), deux frémissants, deux gentilshommes que la chance a mis sur mon chemin... »

Dans la matinée du 7 août 1988, Guy Mauffette téléphone à Félix; ils plaisantent comme à l'accoutumée et se donnent rendez-vous à Québec, après la rentrée des classes. «Félix, chaque fois que je vois ton nom dans le Larousse, juste à côté du maréchal Leclerc, je suis presque gêné de te téléphoner!»

«Voyons, Guy, arrête ça au plus sacrant. On a ben d'autres choses à se parler que du Petit Larousse ou du Grand Robert. Parle-moi d'abord de ta santé.» Et Guy de lui répondre: «Pas si pire pour un jeune homme de 73 ans. Un peu dur d'oreille, mais ça va.»

«Quand on se verra en septembre, tu viens de bonne heure, mon Guy, et on se parlera toute la journée jusqu'à ce que l'un de nous tombe.»

Le 7 août, Félix passe la soirée en famille et raconte sa conversation animée avec son ami Mauffette. Il n'est pas inquiet puisque son médecin l'a vu peu de temps auparavant lors d'une visite de contrôle. Son état de santé n'inspire aucune crainte. Rien ne laisse présager une fin proche pour le géant de l'île qui parle de nettoyer son jardin et de mieux s'occuper de sa basse-cour. La hache est là, près de la porte et de la cordée de bois de chauffage.

Après une nuit comme les autres, le grand Maître de la vie venait de décider que l'heure était venue. Le 8 août 1988, à 8 heures, Félix Leclerc succombe à un arrêt cardiaque chez lui. En peu de temps, le pont de l'Île d'Orléans est envahi par une caravane de médias qui veulent tout savoir en interrogeant les voisins, les amis, la parenté. Toute la francophonie est en deuil. En apprenant la triste nouvelle à la radio, Guy Mauffette est frappé de stupeur. Il ne peut oublier son chaleureux entretien téléphonique de la veille. « C'est comme si j'avais mis les pieds sur les dents du râteau et que je recevais le manche en plein front. J'avais le cœur en compote. »

Les autorités souverainistes ou fédéralistes de même que le public en général ont rendu aussitôt de vibrants hommages à l'illustre disparu. Le 11 août 1988, la foule émue a ressenti le besoin de s'attarder à l'intérieur et à l'extérieur de la petite église de Saint-Pierre où Félix avait fait une dernière halte.

Depuis ce jour, des touristes du monde entier, de passage à l'Île d'Orléans, ne manquent pas de visiter le petit cimetière paroissial où le poète s'est endormi. Les gens de l'île veillent sur ce lopin de terre sur lequel, devant un monument rudimentaire, voulu par Félix, on dépose des fleurs de lys, des messages de toutes sortes, une bêche, des souliers usés, une vieille guitare, des objets d'antiquités. Sur un écriteau, on peut lire : « Il avait le pays dans la peau. » Se pourrait-il qu'un jour, le pont qui relie Québec à l'île, porte le nom majestueux de Félix Leclerc ?

CHAPITRE XII

INVITATION DE NATHALIE
À L'ESPACE FÉLIX-LECLERC

À 74 ans, le sort de son pays lui tenait toujours à cœur, tout autant que la langue française qu'il chérissait. Félix Leclerc a marqué de son empreinte toute la francophonie, d'une génération à l'autre. Plus qu'un simple baladin, il est devenu avec le temps un pionnier, un patriarche, un observateur toujours prêt à monter aux barricades.

Plus que les récompenses officielles assurant, sans doute, l'immortalité, c'est encore l'amour, l'admiration dans le cœur d'un large public qui fait en sorte que le « vieux chêne » vivra à tout jamais. « En perdant Félix, dit l'ex-ministre Jack Lang, nous ne perdons pas seulement un admirable artiste, mais un immense magicien de la musique et des mots, qui a su traverser notre siècle tourmenté sans jamais cesser d'être poète. »

Le 1er septembre 1988, une limousine officielle, drapeaux du Québec et de la France flottant au vent, s'est arrêtée à l'entrée du cimetière de Saint-Pierre à l'Île d'Orléans.

Le représentant français, Alain Decaux, ministre de la Francophonie, accompagné de Lise Bacon, ministre des Affaires culturelles du Québec, a déposé une couronne de fleurs et une plaque commémorative sur laquelle on peut lire : «Hommage au grand poète Félix Leclerc. Grand poète de la francophonie.» Et c'est signé : Le gouvernement français.

De jour en jour, les témoignages d'admiration ne cessent d'affluer chez la famille Leclerc, qui accepte de partager son chagrin avec des millions de francophones. Dans la revue *Cap-aux-Diamants*, Gisèle Gallichan, une artiste de Sainte-Pétronille de l'Île d'Orléans, écrit : «Du bout de son île, debout sur les rochers, on regarde au loin la cité et le soleil couchant. Les mots de Félix, sa musique nous envahissent. Il y a le pont de l'île, les goélands, la marée… et on peut repartir vers la ville. Ce que nous savons maintenant, c'est que l'Île d'Orléans, la patrie de Félix et de son ancêtre — celui de la chanson et de sa vie — est notre cellule de vérité, elle est notre identité… Passé le pont, on sent déjà monter le goût de revenir vers elle pour ouvrir avec lui «un bal pour l'éternité!»

«Vivre avec Félix, apprend-on de son épouse Gaétane, c'était extraordinaire. Il était tellement simple. Autour d'une table avec les amis, il prenait toute la place, mais pas ici à la maison. C'était l'être le plus drôle au monde, et il n'était absolument pas sûr de lui. Il avait eu tellement de mauvaises critiques à ses débuts, qu'il en était resté marqué…

«C'est vrai qu'il inventait un nouveau style qui n'existait pas. Je me souviens de l'étonnement — et le mot est faible — de ma mère et des amies de son club de bridge qui, après un bel après-midi, ont entendu cette grosse voix chanter "et les crapauds chantent la liberté". Sur la balançoire que je lui avais offerte pour son anniversaire, je lui ai avoué que je me trouvais bien naïve et démodée parce que je n'avais jamais eu envie d'un autre homme.»

C'est parce qu'elle le voulait ainsi que Gaétane Morin-Leclerc a choisi de rester non pas dans l'ombre gigantesque de son mari, mais à côté de lui. À Monique Roy, de la revue *Châtelaine*, elle se confie : «Je ne voulais pas devenir quelqu'un à cause de lui, je ne voulais pas être connue comme la femme de… S'il avait fallu que je m'absente tout le temps, que seraient devenus mes enfants! On avait un appartement à Québec, on allait au cinéma, au restaurant, mais Félix ne recevait à l'île que ceux qu'il voulait bien voir; il avait atteint un âge où on a le droit de choisir. Il a toujours été un solitaire, un indépendant aussi. Il avait quelques amis artistes, notamment Jean-Pierre Ferland, qu'il préférait voir seul à seul. Bien sûr, Félix était un gars de bois et un poète, et ce monde-là, ça ne fait partie d'aucun système.»

On ne pourra pas tourner la page de sitôt, quand on s'attarde à scruter le passé de Félix toujours présent dans nos mémoires. Son naturel, sa fraîcheur, lui ont valu l'amitié de certains auteurs par ailleurs peu au fait de la littérature québécoise. Joseph Kessel, par exemple, confiait à l'écrivain Louis Nucéra: «Félix Leclerc parle comme un livre. Il n'y a aucune affectation chez lui. Avec les musiciens tziganes, il est un des êtres qui m'apportent une émotion infinie. Longtemps j'ai eu des préférences pour les conteurs de Russie, d'Irlande, d'Orient. Le Canada a aussi son champion! Et quel champion!»

Ses personnages, de prime abord si éloignés d'Eugène Ionesco, lui avaient aussi attiré l'amitié de cet auteur dramatique d'origine roumaine: «Il me tenait des heures entières, dit Félix, devant des bouteilles de vin blanc pour que je lui raconte des histoires du Canada. Je lui en décrivais les grands espaces, les lacs, les forêts, les Indiens, les bûcherons. À six heures du matin, épuisé, je m'arrêtais, pressé d'aller me coucher, mais le sacré Eugène me rattrapait par la manche et me demandait: "Félix, s'il te plaît, raconte-moi une autre histoire de ton pays. Et parle-moi donc de Léo, et de Fabiola, qui est décédée en 1945."»

En ce qui concerne l'héritage culturel de Félix, Roger Chamberland, chargé de cours en poésie et chansons à l'Université Laval de Québec, est catégorique: «On continuera à enseigner Leclerc à l'école comme on le fait actuellement, dès le primaire. Pourquoi? Parce qu'il se prête bien à la pédagogie. Ses contes, très enracinés, sont souvent naïfs, purs, parfois même enfantins, mais toujours dans une langue impeccable.

« La majorité de ses textes n'ont pas besoin d'explications socio-politiques pour être compris. Toujours allégoriques, ils peuvent être lus ou entendus au premier niveau et être appréciés de tous. En France, Félix a été mis au programme des lycées en 1952, et il l'est encore aujourd'hui. »

La dernière année de sa vie, Félix Leclerc a corrigé tout son œuvre. Il souhaitait le voir publié en deux tomes comme dans la *Pléiade*. Il a laissé Gaétane seule avec ce rêve, sachant fort bien qu'elle se débrouillerait pour se conformer à ses dernières volontés le jour où il ne serait plus. Tôt le matin, en relisant ses textes, il s'est exclamé : « Mais je les haïssais ben, les Anglais ! »

Élevé à La Tuque, où les patrons des compagnies multinationales étaient unilingues anglophones, Félix n'avait pas oublié le temps de l'humiliation, de la servitude. Mais finalement, il s'est rendu compte que ce qui l'enrageait le plus, c'était de voir qu'on se laissait manger la laine sur le dos sans jamais rouspéter.

Par un bel après-midi d'été de 1988, quelques jours avant que Félix nous quitte pour le grand voyage, il avait le vent dans les voiles et le gémissement d'une guitare plaintive se mêlait aux conversations des membres de la famille Leclerc et des amis venus célébrer à l'avance l'anniversaire de Félix. Parmi les convives se trouvaient Gisèle Galichan et son frère Gilles, historien, le comédien Paul Hébert et l'ex-ministre Claude Morin, frère de Gaétane.

Ça faisait longtemps qu'on n'avait pas vu Félix dans une forme aussi resplendissante. Il blaguait, racontait des anecdotes, plaisantant même sur la mort. « Un des plaisirs au ciel, lance Félix, c'est de regarder vieillir en bas ceux qui nous appelaient les vieux. » Il rappela le souhait qu'il avait exprimé lors du décès de René Lévesque, en 1987, victime d'une crise cardiaque comme son ami le grand ethnologue Robert-Lionel Séguin : celui de terminer ses jours comme eux, vite et sans avertissement.

Sa voisine et amie, Jeannette Pichette, dira quelques jours plus tard : « Je l'ai vu encore dimanche, il se baignait dans sa piscine et était d'excellente humeur. Pour son anniversaire, je lui avais apporté un cadeau. J'étais contente de constater que les malaises respiratoires et cardiaques qui avaient suscité un séjour à l'Hôpital de l'Enfant-Jésus à Québec l'automne dernier étaient choses du passé. Vous savez, c'est mon défunt mari qui a vendu à Félix la terre où il a bâti sa maison et aussi son camp en bois rond. »

Son « campe » —c'est ainsi qu'il désignait son chalet ou sa « cabane au Canada » — qui lui faisait dire : « Je ne suis pas contre le confort, mais je crois qu'il faut se prouver de temps en temps qu'on peut s'en passer. Il faut parfois se mettre en situation de mourir de froid si on ne se défend pas. »

Même si les gens de l'Île d'Orléans ne sont pas des grands bavards, ils peuvent parler abondamment de Félix, d'une façon bien amicale. C'est le cas de Colombe et Conrad Lapointe qui vivent dans leur grande maison historique construite sur les fondations de la vieille demeure où vécurent au moins quatre générations des ancêtres Leclerc venus surtout de La Rochelle. Cette habitation rurale a servi de salle de rassemblement paroissial à plusieurs reprises. On y a même présenté des soirées de magie et de lutte avec un homme fort du temps, Victor Delamarre, l'un des héros de Félix.

Conrad Lapointe a sculpté plusieurs meubles en chêne pour Félix, avec des motifs exclusifs de rideaux de scène et de fleurs de lys. Le roi de l'île se rendait à son atelier pour toutes sortes de raisons : parfois pour apporter du fromage de chèvre qu'il fabriquait lui-même ou des livres et des disques avec de belles dédicaces : « Quand je sais que Conrad sculpte dans sa grange, je me sens chez nous sur l'île. Bonne année 79 ! Félix L. » En voici une autre

171

datée du mois de juillet 1977 : « À mon voisin, l'ébéniste Conrad Lapointe… quand ils sont bien faits, les meubles restent comme les écrits… F. L. »

Le 25 juillet 1988, le maire de Montréal, Jean Doré, le conseiller syndical à la CSN, Gilles Duceppe (devenu chef du Bloc québécois) et leur famille font halte au Gîte de la Colombe des Lapointe. Conrad téléphone à Félix pour lui demander s'il ne pourrait pas consacrer quelques minutes de son précieux temps à ses importants visiteurs de passage chez lui. Félix accepte de les recevoir, sachant bien qu'ils sont tous sur la même longueur d'onde. Qui aurait pu se douter que, 14 jours plus tard, ce serait le jour fatidique de sa mort ?

Il est un autre hommage, plus personnel, qui fut rendu à Félix par sa femme Gaétane lors de la parution, en 1989, d'une édition de luxe du *Fou de l'île,* qui comprend 20 reproductions collées à la main et 16 dessins inédits de cinq peintres québécois : Gilles Archambault, Yolande Bernier, Ghislain Caron, Pierre Leduc et Ghislain Lefebvre.

En guise de préface, Gaétane adresse un message d'amour à Félix qui se termine ainsi : « Je vais aller avec toi en prenant bien mon temps, comme tu le désirais, mon grand Filou (Mais quand ?). J'ai retrouvé un poème sur ton bureau l'autre jour. Tu écrivais : " Je t'ai aimée, je t'aime et t'aimerai." »

Depuis le 8 août 1988, on voit les automobilistes ralentir devant le 2481 du chemin Royal, où est la maison du géant de l'île. Un autre voisin, Henri Aubin, l'historien du village, en a long à raconter sur le « grand-père au regard bleu qui monte la garde ». Félix s'est intéressé de près à la mise sur pied de la bibliothèque municipale, en 1986, suggérant des titres de livres, des collections. Il nous conseillait tout le temps. Son expérience, son humanisme étaient pour nous d'une grande richesse. Sa fille Nathalie a également apporté son aide durant plusieurs mois à Conrad Gagnon, maire de la municipalité de Saint-Pierre.

Cette attirance de Félix pour l'île, pour les bateaux, le chanteur belge Julos Beaucarne la commente dans un ouvrage sur Jacques Brel publié en 1990 : «Il vivait à Saint-Pierre sur l'Île d'Orléans, ce bateau de terre, de champs et d'arbres, qui navigue au milieu du Saint-Laurent, face à la place forte de Québec. Un pont mince comme une libellule, presque une passerelle, remplace le traversier d'antan. Les poètes sont-ils des traversiers, des passeurs d'eau, des éclusiers, des pionniers, des ouvreurs de voie ? Pourquoi ce goût de l'éloignement et de proximité étroitement mêlés, ce goût de foultitude et de solitude ?»

Félix n'a pas eu à attendre la mort pour être reconnu ; de pionnier, il est passé à la légende… de son vivant.

Dans *Le guide de la chanson française*, en 1989, Gilbert Salachas et Béatrice Bottet dressent un portrait qui explique peut-être l'impact que Félix a eu sur le monde de la chanson. «C'est le premier qui a ouvert la voie à Guy Béart, Georges Brassens, Jacques Brel, pour ne parler que des auteurs compositeurs interprètes de sa génération dont le nom commence par un B…

Leclerc est fidèle aux traditions folkloriques, sentimentales, familiales qui ont fait de lui l'homme qu'il est devenu. Il chante cette fidélité avec une ferveur brûlante et sur de très jolies mélodies qui évoquent les rigueurs et les richesses du pays célébré…»

Yves Duteil a composé pour Leclerc, en 1989, une mélodie mémorable : *Chanson pour Félix… Je suis une île au bout du monde / Et quand ma peine est trop profonde / J'y voyage sur des chansons / Avec Félix pour compagnon.*

L'année suivante, Duteil lui a dédié son hymne à la vie, *La langue de chez nous*, qui est le plus bel hommage d'un artiste rendu à notre langue et à Félix. Toute la francophonie retient son souffle devant la beauté et la justesse des mots de ce chef-d'œuvre qui sont de véritables diamants.

Le dernier couplet se termine ainsi : *Et de l'Île d'Orléans jusqu'à la Contrescarpe / En écoutant chanter les gens de ce pays / On dirait que le vent s'est pris dans une harpe / Et qu'il a composé toute une symphonie.*

À titre posthume en 1989, le poète a aussi été fait Chevalier de l'Ordre de la Pléiade, une distinction honorifique décernée par l'Assemblée internationale des parlementaires de langue française. Cet honneur visait à souligner la contribution exemplaire de Félix Leclerc à la cause de la francophonie ainsi que son rôle de porte-parole du Québec pour la défense de la culture française dans le monde. Les insignes de cet Ordre ont été remis à Gaétane Morin-Leclerc par Pierre Lorrain, président de l'Assemblée nationale du Québec.

En cette même année, lors de l'inauguration d'un monument en l'honneur de Félix, à l'Île d'Orléans, des centaines de personnes assistent au dévoilement d'une sculpture réalisée par Raoul Hunter : Gaétane et ses enfants Nathalie et Francis, les deux frères de Félix, Jean-Marie (1909-2004) et Grégoire (1911-2003), les ministres Yves Séguin et Gilles Loiselle, plusieurs artistes et l'archevêque de Québec, Mgr Louis-Albert Vachon, qui s'exprime ainsi : « Félix, ton peuple te chérit, il vient ici immortaliser ton nom. Ta chanson, tu nous l'as dit, c'est comme le battement de nos cœurs. C'est comme le pain, on peut s'en passer mais pas pour longtemps. Il nous faudra toujours tes chansons… Des chansons qui ont vibré sur nos lèvres, qui ont remué nos âmes, qui ont fait plus grand notre pays. Dieu soit loué pour Félix, notre frère ! »

Au cœur même du parc Lafontaine, à Montréal, une autre statue imposante, œuvre du sculpteur Roger Langevin, est solidement ancrée au sol depuis le 21 octobre 1990. C'est un don du Mouvement national des Québécois qui a mené avec succès une campagne de souscription. Cette année-là, on a fondé Le Camp littéraire Félix situé dans la région du Bas-Saint-Laurent, à Esprit-Saint, qui a pour but de stimuler le développement de la relève littéraire québécoise.

En 1991, Jean Dufour réalise une série d'émissions pour Radio-France Périgord en hommage à Félix Leclerc.

Comme on peut le constater, ces deux défenseurs de la belle chanson ont fait un bon bout de chemin ensemble, principalement dans les Maisons des jeunes et de la culture, dans les grands festivals de France, où Félix a connu ses plus belles heures de gloire, souvenirs toujours présents chez l'imprésario Dufour.

En 1993, alors qu'il célébrait ses 85 ans, Jacques Canetti écrit : « Tout ce qui me rappelle la bonne époque de Félix Leclerc me ravit d'aise. J'ai eu en Félix un ami fidèle qui a fait pour la diffusion de la chanson française des miracles que peu de personnes peuvent ressentir comme je le fais… Mon Dieu ! Que de bons souvenirs ! Ma femme Lucienne et moi, nous nous comportions comme des gamins quand nous allions avec le couple Leclerc passer des fins de semaine dans un grand manoir du petit village de Saint-Cyr-sur-Morin ; là, nous achetions à la fabrique-même le bon fromage Boursault. Lucienne et Félix profitaient de ces séjours pour répéter certaines chansons qu'ils ont faites en duo sur disques : *Dialogue des amoureux, La fille de l'île, L'eau de l'hiver, Sensations, Je cherche un abri pour l'hiver.* »

Bien entendu, on n'a pas fini de mettre en valeur Félix Leclerc ; c'est bien la rançon de la gloire et la façon d'entrer dans la postérité. En 1993, le Quatuor Arthur-Leblanc nous a fait découvrir un texte inédit de Félix. L'histoire remonte au milieu des années 1950, époque où le grand violoniste Arthur Leblanc avait joué à son invité *Le Secret des pins*, dans sa version pour violon, suggérant à Félix d'en écrire une version chantée. C'est ce manuscrit de Félix que l'ensemble musical nous a fait connaître.

Dans *Le Secret des pins*, Félix évoque l'amour, l'incompréhension des hommes et la nature apaisante et consolatrice, thèmes qui lui sont chers. L'arrangement de cette œuvre utilise comme introduction *La quatrième bagatelle pour piano* d'André Mathieu.

En plus de faire connaître cet air que l'auteur lui-même n'a jamais interprété en public, Claude Corbeil, qui a surtout fait carrière à l'opéra, a enregistré 11 autres chansons de Leclerc, dont *Le tour de l'île*, *Bozo*, *Les perdrix*. Il s'agit là, bien sûr, d'une pièce de collection. Peut-être aurons-nous encore la chance de découvrir d'autres chansons inédites de Félix?

En 1994, Gaétane réalise le rêve de son mari. L'éditeur Henri Rivard publie *Les œuvres de Félix Leclerc*, qu'il a lui-même choisies, revues et corrigées, présentées dans un superbe coffret de luxe. Près de 2 000 pages regroupant quatre tomes illustrés par 51 peintres réputés.

Lors de l'ouverture de l'exposition itinérante *Félix Leclerc ou l'aventure*, au Musée de l'Amérique française à Québec, le 9 octobre 1994, Gaétane Morin-Leclerc confie à la presse: «Les enfants ont toujours été étonnés par la vénération que le public porte à leur père. Le personnage public et la notion de vedettariat étaient des aspects qui n'existaient pas dans leur quotidien.»

Gaétane, qui a partagé la vie de Félix pendant plus de 20 ans, entend continuer à faire vivre ses livres, ses chansons, ses pièces de théâtre, ses idées. Sa vie est maintenant consacrée à promouvoir son œuvre. Légataire de tous ses rêves, elle continue d'habiter l'Île d'Orléans, dans la grande maison de bois où est resté intact le bureau rempli de livres, de disques, d'affiches, de souvenirs. Sa dernière guitare repose à terre, devant la table de travail où personne n'ose encore y prendre place. Les jours de nostalgie, Nathalie et Francis viennent parfois s'y recueillir.

Gaétane partage les propos de Jean Lapointe: «T'as pris le temps d'aimer, d'écrire, de chanter, de nous ouvrir les yeux, de nous dire qui nous sommes. Puis, tu t'es endormi quand est venu l'été. Les outardes ont pleuré et les enfants aussi. T'es parti au soleil rejoindre les plus grands... Les oies m'ont raconté que tu veilles sur nous...» Rien ne sera plus pareil pour Gaétane et ses enfants, mais il leur reste le souvenir et la légende qui n'en finit plus de grandir et qui met un peu de baume sur la déchirure d'août 1988.

Pour marquer le dixième anniversaire de la mort de Félix, en 1998, le réseau TVA a présenté *Félix Leclerc, le géant québécois*. Une belle émission produite par Guy Latraverse et animée par Charles Aznavour et Robert Charlebois, au cours de laquelle on a vu défiler Céline Dion, Gilles Vigneault et Lynda Lemay, mais aussi Raymond Devos, Julien Clerc et Serge Lama.

Quand on demande à Charles Aznavour pourquoi il détient les droits d'auteur des premières chansons de Félix, il répond avec fierté: «C'est moi qui suis l'éditeur de *Moi, mes souliers* et de toutes ses grandes chansons. Si je ne les avais pas rachetées, cela partait chez les Japonais ou chez les Allemands pour finir dans les tiroirs. Je refuse que notre patrimoine se retrouve dans les touches d'un ordinateur...

«J'aimerais faire pour les chansons de Leclerc ce qu'on a fait pour celles de Mireille. Des jeunes sont venus interpréter ses œuvres au Palais de Chaillot. On pourrait réaliser la même chose avec les Québécois en France. On sauve une partie de notre langue en sauvegardant des chansons. Et ça, j'y tiens comme à la prunelle de mes yeux.»

En juin 2003, lors de la Fête nationale du Québec à Montréal, Claude Gauthier a fait son entrée sur scène avec l'une des premières guitares de Félix, qu'il possède depuis 40 ans. Il ne s'était jusque-là jamais servi de ce cadeau royal qui était resté bien accroché à la place d'honneur dans son salon.

Le chansonnier s'était rendu chez Félix à Vaudreuil pour lui faire entendre ses compositions. Félix en fit autant en s'accompagnant avec la guitare de Gauthier, provenant du luthier Anton Wilfer. Une touche extraordinaire! À la blague, Claude suggéra un échange d'instrument. Félix accepta sur-le-champ et légua à son jeune visiteur sa Mario Macaférie, une guitare artisanale fabriquée à Paris, en 1949, identique à celle de Django Reinhardt.

Cette année-là, sur les plaines d'Abraham, à Québec, devant une foule aussi considérable qu'à Montréal, on a rendu à Félix un hommage aussi émouvant, dans le cadre de la Fête nationale du Québec. Le neveu de Félix, Gaétan Leclerc, a reçu une ovation incroyable lorsqu'il s'est mis à chanter les chansons de son oncle.

Dans toute la francophonie, le souvenir de Félix est là, chez les gens du spectacle et dans le public. À Montmartre, Gabrielle Foudrain, patronne de l'hôtel Utrillo, rue Aristide Bruant, connaît tout le répertoire de Leclerc, même les chansons les moins connues comme *Les deux sœurs*, que Patachou présenta à son petit cabaret en haut de la Butte, tout près du doyen des cabarets de Montmartre, Au Lapin Agile, situé rue des Saules.

Un petit aparté à propos de cet établissement historique qu'on appelait vers 1880, le Lapin à Gil, en hommage au peintre André Gil qui s'était vu alors confier le soin de peindre une enseigne pour la guinguette nommée jusque-là le Cabaret des assassins. Yves Mathieu, qui veille depuis des décennies — avec Maria Thomas — à la survie du célèbre cabaret, a souvenance de ces fins de soirée en compagnie de Félix Leclerc et de Raymond Devos qui a signé la préface du dernier livre de Louis Nucéra : *Les Contes du Lapin Agile*.

Au festival de la chanson française à Aix-en-Provence, en octobre 2003, sous la présidence de Serge Reggiani, la chanteuse Fabiola Toupin et le pianiste Gilles Hamilton ont rendu un vibrant hommage à leur compatriote Félix Leclerc. Jane Birkin et Maurane étaient aussi de la fête, tout comme le cinéaste Francis Leclerc qui présenta un film émouvant sur les meilleurs moments de son illustre papa.

Ce fut un moment chargé d'émotion lorsque Gaétan Leclerc chanta *L'Hymne au printemps* et *Notre sentier* lors des funérailles de son père Jean-Marie, en l'église Sainte-Marie-Madeleine du Cap-de-la-Madeleine, le 16 avril 2004. Des 11 enfants de Fabiola et Léonidas, il n'en reste que deux : Thérèse et Sylvette. Gérard, qui habitait la Californie, est décédé le jour de l'enterrement de son frère Jean-Marie. Il avait 84 ans.

Comment ne pas mettre en valeur les artistes qui façonnent la chanson à notre image, nous rappelant celui qui les a marqués pour la vie. Jean-Claude Gauthier, de la région de Vaudreuil, est parmi ceux qui font revivre le répertoire de Félix dans tout le Québec.

Pour sa part, Gaétan Leclerc, le fils de Jean-Marie, qui voulait tant fêter ses 95 ans, a des souvenirs enfouis dans son carquois. Sa voix ressemble étrangement à celle de Félix. Sur ses deux albums, il chante, bien entendu, des succès de son oncle, mais aussi deux magnifiques chansons de Michel Conte (*Évangéline*) et de Maurice Fanon (*L'Écharpe*). Sa fille Geneviève l'accompagne au piano et sa nièce, Anne-Marie Côté, au violon.

Dans tout le Québec, le nom de Félix a été immortalisé. Montréal, La Salle, Québec, Sainte-Marthe ont leurs parcs Félix-Leclerc. Des organismes scolaires, écoles, campus et bibliothèques portent son nom. Il y en a des douzaines, à Repentigny, Longueuil, Montréal, Gatineau, Bois-des-Filion, Saint-Constant, Pointe-Claire, Sainte-Foy, Val Bélair, Saint-Léonard… Alouette ! En France, un lycée marseillais vient d'être baptisé en son honneur. Il y a le Collège Félix-Leclerc à Longny-au-Perche, en Normandie, village réputé pour son marché aux chevaux.

Partout on trouve des rues, des montagnes, des boulevards, des autoroutes, à Alma, Baie-Saint-Paul, Bois-briand, Chambly, Lévis, Prévost, Saint-Félicien, Varennes, Vaudreuil, Victoriaville, Sainte-Rosalie, Trois-Rivières, qui portent son nom. La liste s'allonge d'une année à l'autre.

Voilà maintenant que l'on retrouve de plus en plus Félix sur les petits et grands écrans. Le Musée régional de Vaudreuil-Soulanges et Télé-Québec ont produit un excellent documentaire intitulé *Félix de Vaudreuil*, animé par le comédien Guy Godin. Une télésérie vient d'être tournée, en 2004, pour France 3 et Radio-Canada, mettant en vedette Daniel Lavoie dans le rôle de Félix ; Catherine Senart personnifie Gaétane Morin et Mireille Deyglun incarne Andrée Vien, première épouse de Félix.

Mireille Deyglun a suivi les traces de sa mère Janine Sutto. Elle a joué le rôle de Florentine Lacasse, l'héroïne de *Bonheur d'occasion*, de Gabrielle Roy. On l'a vue dans la télésérie, *Jalna*, d'après le roman de Mazo de la Roche, aux côtés de Danielle Darrieux, Serge Dupire, Albert Millaire.

Mireille garde un merveilleux souvenir de son parrain Félix qui lui chantait ses poèmes à Vaudreuil : « Sa voix chaude et rassurante est une accalmie dans ma drôle d'enfance. Puis le temps a passé, nous a séparés. J'ai grandi tout en gardant dans mon esprit ce personnage unique, immense. Lui de son côté, poursuivait sa carrière, avec ses mots et sa musique, et nous faisait rêver d'un pays à bâtir, d'une fierté à retrouver. » Est-il nécessaire de préciser que le fils — né en 1990 — de Mireille et du réputé journaliste Jean-François Lépine s'appelle Félix ?

En 2004, le théâtre d'été Au pied de la Montagne, à Saint-Paulin, au Québec, présenta la comédie de Félix, *L'Auberge des morts subites*, qui remporta un éclatant succès.

Si vous passez un jour par Québec, pourquoi ne pas traverser le pont qui mène à l'Espace Félix-Leclerc où l'on garde bien vivante la mémoire de l'illustre disparu. Nathalie Leclerc, la fille de Félix, a su mener à terme ce merveilleux projet. Vous y verrez peut-être l'exposition itinérante consacrée au théâtre de Félix Leclerc. Une superbe production de Jacques et Luc Lévesque.

Vous courrez la chance de voir également de merveilleux tableaux du réputé peintre belge, André Coppens, qui a traduit l'univers chansonnier de Félix Leclerc en peinture. On pourra également admirer les merveilleuses illustrations du livre pour enfants, *À la découverte de Félix Leclerc*, réalisé par l'artiste peintre Marie-Josée Plouffe, en 2004. Une grande partie de l'année, on y présente des films, des conférences et d'excellents chanteurs populaires. Se pourrait-il que le troubadour Hugues Aufray, créateur de *Céline*, *Adieu monsieur le professeur* et de plusieurs chansons de Pierre Delanoë, y vienne présenter son spectacle dédié à Félix Leclerc? En janvier 2005, Hugues Aufray a enregistré 15 succès de Leclerc et a entrepris une tournée en France.

Oui! L'Île d'Orléans c'est 42 milles de choses tranquilles et des paysages marqués par la présence du fleuve Saint-Laurent et de ses battures, un riche patrimoine de 350 ans d'histoire.

Nathalie Leclerc, âgée de 36 ans, en 2005, porte le prénom de son arrière-grand-mère et Francis, 35 ans, celui d'un aïeul. Bon sang ne saurait mentir, si l'on songe aux ancêtres de Félix, Jean Leclerc et Marie Blanquet, qui ont supporté les durs hivers et fait le tour de l'île, dès 1662.

Nathalie est le portrait de son père sous bien des aspects, le même regard lumineux. La musique et la chanson occupent une place importante dans sa vie. Elle perpétue également l'œuvre de son père dans le cadre de la Fondation Félix-Leclerc dont elle est la directrice générale.

Quant à Francis, diplômé en communications, il est passionné de cinéma, tout comme Martin, le premier fils de Félix. Tous les deux réussissent à merveille dans leur métier de cinéaste et de réalisateur.

De là-haut, Félix regarde leurs films et louange leurs œuvres en affirmant que les hommes veulent qu'on leur ouvre un coin de poésie, qu'on leur montre du bon cinéma, des images et des choses inconnues pour faire oublier la longueur du parcours, la pesanteur des longs soirs d'hiver et savourer la beauté de la vie.

ÉPILOGUE

UN HÉROS LÉGENDAIRE

Bien difficile d'analyser l'œuvre de Félix Leclerc : son théâtre, sa littérature et ses chansons. Les critères ne sont pas les mêmes pour tous. Une chose est certaine, on s'accorde à dire et à penser que l'amour est sa grande passion. On le sent bien dans tous ses mots d'auteur de *La fille de l'île, Les soirs d'hiver, Y'a des amours… dans les villes / Presque dans chaque maison / Sous l'océan y a des îles / Et des pleurs sous les chansons.*

Félix n'est pas le premier à brandir l'amour, la vie, le travail, le pays, comme de grands thèmes qui reviennent sans arrêt dans ses écrits. La chanson tendre et sentimentale est de tous les temps. Elle a été interprétée par des légions de chanteurs à la voix de velours ou de guimauve. Après Reda Caire, Jean Sablon, Tino Rossi ou Jean Lalonde, c'était nouveau d'entendre un troubadour à la voix musclée, sans aucune mièvrerie ou effet provocateur.

Dans les chansons de Félix, il y a une telle prise de conscience, de lucidité, de maturité et d'intelligence ! Avec son physique imposant, ses maladresses sur scène, sa tendresse et sa ténacité, il est hors norme. Félix a su s'imposer et entrer dans le cœur et la tête des gens à force de se battre et de prendre la vie à bras-le-corps. L'accueil fut triomphal !

Pour Félix, il est évident que chaque parole et chaque note comptent dans ses compositions, comme c'est le cas dans l'œuvre de Georges Brassens ou de Jacques Brel. Il veut atteindre la perfection dans son style, ce qui n'est pas possible en ce monde, et laisser en héritage le meilleur de lui-même. Leclerc est un artiste véritable qui croit en son travail d'artisan et en son inspiration du moment.

Toute sa vie durant, le poète n'a pas voulu décevoir. Il n'était pas le genre d'homme à qui l'on ordonne d'aller à droite ou à gauche. Il savait refuser les plus belles offres. Avant de prendre une décision, il y pensait beaucoup, pesait le pour et le contre, et s'assurait que cela correspondait à ses convictions profondes.

Le pionnier ne voulait pas être un homme à la mode qui s'efface dès qu'une autre mode se pointe. Pourtant, Félix est de plus en plus à la mode en ce nouveau millénaire. *Longtemps après que les poètes ont disparu, leurs chansons courent encore dans les rues*, chante Trenet.

C'est vrai que Félix a su exalter l'amour dans ses chansons, mais aussi la liberté. Quand il a composé *L'Alouette en colère, L'encan, Mon fils, Les 100 000 façons de tuer un homme*, ou *Le tour de l'Île*, il savait ce qu'il faisait. Il signait ainsi son testament pour les générations à venir.

Le style de l'auteur, compositeur et interprète, la manière dont il amène ses propos font école auprès de tous ceux qui veulent prendre la relève. Il y a une franchise totale dans tous les refrains de Félix Leclerc. Il est une source d'inspiration pour tous les jeunes qui rêvent de faire ce beau métier.

Il y a certes de l'amour, de la liberté, mais aussi beaucoup d'humour — *La veuve, Les poteaux, Tirelou* — dans le répertoire de Félix qui se montre optimiste jusqu'à la fin de sa vie. Avec le temps, il a fini par apprendre et connaître le monde du spectacle et les ficelles de sa profession.

Quand il a refusé les ponts d'or que les Américains lui proposaient et la chance de passer au *Ed Sullivan Show* et de chanter au Carnegie Hall de New York et à la BBC de Londres, Félix était conscient de ce qui pouvait résulter de son refus.

Leclerc aurait pu voir son nom en grosses lettres sur la devanture du plus prestigieux music-hall de France, l'Olympia. Son directeur, Bruno Coquatrix, a tout essayé pour le convaincre d'y chanter. Félix a refusé l'offre et a préféré retourner à Bobino, où Félix Vitry lui avait fait confiance à ses débuts parisiens. Sa fidélité et sa reconnaissance sont tout à son honneur.

Sans l'avouer ou en faire étalage, Leclerc voulait que la chanson soit pour lui un moyen de se faire entendre dans les capitales, d'être libre de dire à ses compatriotes le chemin à suivre, le but à atteindre pour construire un vrai pays qui nous ressemble et nous rassemble.

Voyons ce que le professeur Georges Frappier écrit dans la revue québécoise *Appoint*, en novembre 1989 : « Il y a chez Félix un côté fabuliste qui ne me déplaît pas. C'est un conteur, avec un message en sourdine. Il y est question de certaines valeurs traditionnelles comme l'amour, la fidélité et la patience. Et plus ses textes sont courts, *(L'eau de l'hiver, Complot d'enfants)* plus ils sont saisissants. Je pense aux réflexions qu'il a jetées en vrac dans ses calepins. Certaines sont comme des Haïkaï japonais : elles révèlent beaucoup dans leurs points de suspension : « Je n'attends personne, ce soir, et pourtant, si le train s'arrêtait…

« Il y eut donc sa tourmente conjugale, son divorce et son remariage chez un pasteur protestant en 1969… Et puis, il y eut les évènements d'octobre 70 au Québec, et *L'Alouette en colère*. Un nouveau Félix semblait nous apparaître. Lui, le discret, s'est mis à afficher publiquement ses couleurs politiques ; et il s'est mis à défendre sur tous les tons la langue française en Amérique… »

Félix a toujours été conscient que seule la scène pouvait vraiment consacrer le talent d'un artiste. La tricherie n'est pas possible devant un public averti. L'auteur de *Moi, mes souliers* ou du *P'tit bonheur* a su émouvoir simplement toute la francophonie, sans trucage, sans matraque électronique ou effets spéciaux de lumières aveuglantes. Leclerc a pu, à sa façon, contribuer à faire le contrepoids à l'assimilation anglo-saxonne toujours aussi envahissante. Il faut aujourd'hui célébrer nos poètes en ces temps où la chanson s'effondre sous le fardeau de la facilité et de la médiocrité.

Avec le temps, chante Léo Ferré, *avec le temps va tout s'en va. On oublie le visage et l'on oublie la voix...* Pour Ferré comme pour Leclerc ou Brassens, ce n'est pas demain la veille. On n'a pas fini de parler de ces semeurs d'étoiles et de chanter leurs œuvres.

On se souviendra longtemps de la façon unique que Félix avait pour établir le contact avec le public : une forme d'autorité, une sorte d'aura. Sa sincérité transcendait. On buvait ses paroles et on captait tous ses gestes discrets. Sa façon de jouer de la guitare était géniale.

Félix Leclerc a fini par toucher tous les publics, de tous âges et de toutes les classes. En faisant la guerre avec ses chansons, son théâtre et ses livres, il est devenu un frère, un père, un grand-père, un ami, qui est entré dans la légende.

MERCI FÉLIX

LÉVEILLÉE, Claude, né le 16 octobre 1932,
à Montréal (Québec).

Quand Félix est parti, en 1988, j'ai su que je venais de perdre un guide, un éclaireur. Il y avait Paul Buissonneau pour la comédie, Piaf pour la scène et puis Félix à cause de son approche, toujours très humble, de l'écriture… Il a sorti le peuple québécois de son ignorance, petit à petit, chanson par chanson, verbe par verbe, mot par mot.

DUTEIL, Yves, né le 24 juillet 1949,
à Paris (France).

Comment se résoudre à parler de Félix au passé? Il est si présent par la voix, la plume et le cœur. À travers lui, j'ai compris qu'on pouvait survivre par la trace ardente qu'on laisse au cœur de ceux que l'on a aimés… Il a passé sa vie à réfléchir aux autres, à écrire et à chanter pour donner une substance à l'âme d'un pays… son regard, presque malgré lui, est devenu une lueur d'espoir, une complicité et un ralliement pour tous les francophones.

THIBEAULT, Fabienne, née le 17 juin 1952,
à Montréal (Québec).

Que dire d'un homme qui a fait chanter les mots avec sa voix, sa guitare et son crayon sur le papier. Que dire alors, que faire? Simplement merci avec, dans le fond du cœur, le même respect qui monte aux lèvres devant les mains des paysans, des bâtisseurs qui donnent la vie à nos rêves.

CHARLEBOIS, Robert, né le 24 juin 1944,
à Montréal (Québec).

C'est Félix, au début des années 1960, qui m'a donné le goût de chanter. En plus, c'est en première partie d'un de ses concerts à la Butte à Mathieu que j'ai chanté pour la première fois en public. Au cours d'un déjeuner à Paris et d'une longue randonnée sur les bords de la Seine, Félix m'avait ouvert les yeux et les oreilles et donné de généreux conseils sur le métier d'artiste.

LEMARQUE, Francis, né le 25 novembre 1917,
à Paris (France).

Difficile de ne pas aimer un homme comme Félix Leclerc… Après le coup de foudre, il y a eu le coup de cœur. J'ai eu le grand bonheur de devenir son ami. L'homme était aussi beau que ses chansons. Il est passé trop rapidement sur cette terre…

JULIEN, Pauline, née le 23 mai 1928,
à Trois-Rivières (Québec).

Le grand coup de génie de Félix Leclerc est de rajeunir en même temps que le Québec, attentif et lucide à tout ce qui se passe en lui et autour de lui. Dans ma carrière, il a été un routier constant, une épaule sur laquelle je pouvais compter et un véritable ami.

FERLAND, Jean-Pierre, né le 24 juin 1934,
à Montréal (Québec).

Félix, c'est Dieu le Père! C'est en Alberta, alors que nous tournions une émission pour Radio-Canada, au beau milieu d'un champ de blé, que Félix nous confia qu'il venait de retomber en amour avec une fille de 21 ans, Gaétane, celle qui allait le suivre jusqu'à la fin de ses jours. Et Félix l'a effectivement toujours aimée, beaucoup! Il m'avait écrit : « Je partirai avant toi, la clef est sous le paillasson. »

FERRÉ, Léo, né le 24 août 1916,
à Monaco.

Le temps d'se farcir l'Atlantique et de se retrouver de l'autre côté, avec des accents dans la voix, dans un bistrot berrichon en se demandant dans quelle banlieue je me trouve! Au Canada, petit! Et c'est Leclerc qui chante. Avec des larmes qui ont l'accent du Berry. À bientôt, Félix!

LAPOINTE, Jean, né le 6 décembre 1935,
à Price (Québec).

Quand j'ai entendu à la radio *Moi, mes souliers* et *Le p'tit bonheur*, j'ai découvert un univers inconnu, comme une bouffée d'air frais… Avec Leclerc, les Français ont découvert une langue merveilleuse, une poésie à l'état pur qui ne passait pas par une forme de littérature. Il a redonné une vigueur à la langue française.

VAUCAIRE, Cora, née en 1921,
à Marseille (France).

Quand j'ai vu Félix pour la première fois, c'était une sorte de Dieu de l'Olympe, c'était la beauté et le charme, et cette voix ronde, chaude… Quel bien-être! Il disait des choses qui me plaisaient, des choses tendres, des choses révoltées. C'était un personnage magique… Homme de grands espaces, il nous a apporté un grand souffle de liberté, d'espoir et d'amour.

DEVOS, Raymond, né le 9 novembre 1922,
à Mouseron (Belgique).

Pour nous, c'était l'après-guerre, on venait de vivre des heures pénibles, tragiques, douloureuses… Il y avait une sorte de désespoir général, un désespoir qui était dans l'air, et on a vu arriver cet homme qui chantait *Le p'tit bonheur*, les vraies valeurs, la terre, les choses qui réveillaient la sensibilité, qui avaient été mises à rude épreuve pendant des années. Ç'a été une espèce de lumière formidable.

GICQUEL, Roger, né le 22 février 1933,
en France.

Avec mes amis du Centre de la chanson d'expression française, à Paris, nous avons décidé de fonder un jour un prix Félix Leclerc décerné à quelqu'un qui aurait le même regard que toi sur les humains. Et la même chaude honnêteté dans la voix. N'en sois pas gêné, je t'en prie. Ce n'est pas parce que le vieux pommier est mort qu'un arbrisseau ne peut surgir de sa souche et donner de belles pommes.

BOCCARA, Frida, née en 1940,
à Casablanca (Maroc).

Moi qui suis née au Maroc, au soleil, lorsque j'imaginais les veillées dans les pays de neige, je les voyais avec les yeux de Félix Leclerc qui a su si magnifiquement représenter le Québec dans toute la franco-phonie. Je connais toutes les saisons de son beau pays. Voilà le soleil et la neige complices grâce à ses chansons.

VIGNEAULT, Gilles, né le 27 octobre 1928, à Natashquan (Québec).

Il a été hors de tout le monde. Il savait que les modes étaient démodées avant même de naître. Certains de vous ne le diront pas, mais on a tous été influencés par lui. Pas seulement au Québec, mais en Europe aussi. Jacques Brel, Guy Béart et Georges Brassens me l'ont dit eux-mêmes. Et là ils étaient contents de le dire… Ma première rencontre au séminaire de Rimouski, en 1948, a déterminé mon envie d'écrire des chansons… J'ai commencé à croire qu'on pouvait faire quelque chose de bon et d'original au Québec.

CHABROL, Jean-Pierre, né le 24 juin 1930, à Paris (France).

C'est en 1965 que Félix Leclerc est venu passé quelques jours chez moi, dans les Cévennes, pour la fête de mon village, en compagnie du grand guitariste andalou Sébastien Maroto. Ensemble, nous avons monté un spectacle intitulé : *Les trois rivières*… Quelques années plus tard, je lui ai rendu sa visite chez lui, sur son Île d'Orléans. Il m'attendait au seuil de sa retraite, debout devant l'embrasure.

BREL, Jacques, né le 8 avril 1929, à Bruxelles (Belgique).

Croyez-le ou non, c'est l'audition du premier long-jeu de Félix Leclerc qui m'a orienté vers la chanson définitivement. J'avais toujours aimé la chanson mais je n'avais jamais osé m'y lancer. En entendant Leclerc, j'ai constaté qu'il faisait autre chose que des banalités avec les chansons. Je me suis dit que l'on pouvait, tout comme lui, écrire d'autres chansons que des refrains d'amour mièvre. Leclerc m'ayant ouvert la voie, je l'ai suivi. C'est par lui que la chanson m'a été révélée.

ÉLÉMENTS DE BIBLIOGRAPHIE

AUBIN, Henri. *L'Île d'Orléans de Félix Leclerc*, Québec, Éditions La Liberté,1989, 140 p. ill.

BERTIN, Jacques. *Félix Leclerc, le Roi heureux*, Paris, Arléa, 1996, 288 p. ill.

BROUILLARD, Marcel. *Félix Leclerc, l'homme derrière la légende*, Montréal, Québec Amérique,1994, 364 p. ill.

CANETTI, Jacques. *On cherche jeune homme aimant la musique*, Paris, Calmann-Lévy,1978, 276 p. ill.

CHAMBERLAND, Roger. GAULIN André et Aurélien BOIVIN. *Tout Félix en chansons*, Québec, Nuit blanche éditeur, 1996, 288 p. ill.

DUBÉ, Yves *et al*. *Les adieux du Québec à Félix Leclerc*, Montréal, Presses Laurentiennes,1989, 165 p.

FILION, Lucien. *Histoire de la Tuque à travers ses maires*, Trois-Rivières, Éditions du Bien Public, 1977, 212 p. ill.

JASMIN-BELISLE, Hélène. *Le Père Émile Legault et ses Compagnons de Saint-Laurent*, Montréal, Éditions Leméac, 1986, 206 p. ill.

LECLERC, Grégoire. *C'étaient des p'tits bonheurs*, Montréal, Stanké, 1997, 320 p. ill.

LEGAULT, Émile. *Confidences*, Montréal, Fides, 1955, 190 p. ill.

NUCÉRA, Louis. *Mes ports d'attache*, Paris, Éditions Grasset, 1993, 320 p.

PAULIN, Marguerite. *Félix Leclerc. Filou le troubadour*, Montréal, XYZ Éditeur, 1998, 182 p. ill.

PUGNET, Jacques. *Jean Giono*, Paris, Éditions Universitaires, 1955, 160 p.

ROYER, Jean. *Pays intimes. Entretiens 1966-1976*, Montréal, Éditions Leméac, 1976, 242 p.

SAVOY, Marc. *Top pop français de la chanson*, Montréal, Publications Proteau, 1993, 335 p.

SERMONTE, Jean-Paul. *Félix Leclerc, roi, poète et chanteur*, Monaco, Éditions du Rocher, 1989, 156 p. ill.

SYLVAIN, Jean-Paul. *Félix Leclerc, l'histoire du plus grand des chansonniers*, Montréal, Éditions de l'Homme, 1968, 160 p. ill.

ZIMMERMANN Éric. *Félix Leclerc la raison du futur*, Montréal, Éditions Saint-Martin, 1999 ; Paris, Éditions Didier Carpentier, 1999, 224 p. ill.

Enrico Macias, Fabienne Thibeault, Pierre Delanoë, Alice Dona, Claude Brosset, Dorothée Vallée et le groupe Tangente ont uni leur voix pour enregistrer la chanson thème du documentaire télé, de Jean Beaulne, intitulé *Moi, mes souliers.*

Félix Leclerc

Paroles : Pierre Delanoë
Musique : Dorothée Vallée

Félix Leclerc
Un nom qui sonne clair
Si clair qu'il peut briller
Dans l'éternité
Lui ses souliers
Ont beaucoup voyagé
Ils voyagent encore
Au-delà de la mort [bis]

Tu es là dans nos cœurs
Avec ton p'tit bonheur
Félix le bienheureux
Qu'on aime toujours mieux
Qu'on aime, qu'on aime toujours mieux

Félix Leclerc
Héritier de nos pères
Avec l'accent gaulois
De nos Québécois
Charlebois, Vigneault
Et lui quel beau trio
Soldats troubadours
Qu'on aime pour toujours [bis]

TABLE DES MATIÈRES